ジーナ式 カリスマ・ナニーが教える

トドラー期の やる気グングン！ 1・2・3歳の子育て講座

ジーナ・フォード
高木千津子・訳

朝日新聞出版

はじめに

親は、我が子がどんな子に育ってほしいと願うものでしょうか。希望や期待は親によって大きく違いますが、一つ共通しているのは、健康で自信に満ちた幸せな大人になってほしいという点でしょう。たくさんのことを学びながら、友達と仲よく遊び、新しいことにも果敢に挑戦する、礼儀正しく心の広い人間に育ってほしい……。赤ちゃんはまだまだ小さいのに、その希望はどんどん大きくなるばかりです。それは親の願いであると同時に、できるはずだという期待も込められています。

「甘やかされて、わがままで、お行儀の悪い子どもに育ってもかまわない」と言っている親には会ったことがありません。もちろん、※スケジュールを難なくこなす育児に長《た》けた親の子どもでも、欲求不満がたまってやんちゃを言うこともあり、それは極めて普通のことです。

子どもの集まりや公園で、対処に手をやくやんちゃなお子さんを見かけたことがあると思います。そのような子どもたちは、生まれながらにそうだったわけではありません。では何が問題だったのでしょうか。親の責任だと言われることがほとんどでしょう。ひと世代上の方々は、「最近の子どもは甘やかされている。小さな頃から厳しく育てるべきだ」と言うかもしれません。しかし児童心理学者や小児発達学の専門家は、親が一方的に権威を振りかざす育児法は、しばしば子どもの自信喪失を引き起こし、大人になってから幸福と感じられなくなる原因であると考えています。

ハッピーな赤ちゃんを自信にあふれたトドラー（訳注：よちよち歩きができるようになった1〜3歳児）にするにはどうすればいいのか。どんな質問にも答えられるわけではありませんが、何年も世界中でたくさんの家庭に住み込みお世話をしてきた生の経験から、何が効果的で何がうまくいかないかに関して、多くのことを学ぶことができました。何百人もの乳幼児の良い行いも悪い行いも山ほど見てきました。そして、子どもに合わせてしつけの方法もさまざまでした。自分の親の厳しく独裁的な方法をそのまま踏襲している親もいれば、子どもと話す時間を設けて説明し諭《さと》すというリベラルなスタイルをとる親もいました。どんな方法をとっていても、親は子どもがやんちゃで言うことをきかないときは、振り回され、結果的に罪悪感やイライラを抱え、必死になるものです。

この本は、トドラーのニーズと欲求と行動を理解し、知識を深めることを目的として書かれています。それを知ることで、それぞれの成長段階でどのようなことが起こりうるかを予測できるため、自信をもって冷静にその問題に取り組むことができるはずです。親も子どもも、トドラーの時期は非常に多くのことを学びます。この素晴らしくも大変な時期への理解をより深めることで、豊かな経験を得られることでしょう。これは難しいことではありません。赤ちゃんが安心できるハッピーな環境を整えて、ヘルシーな食事を与え、生活パターンをしっかり定着させて、やる気と愛情を与えることができれば、あなたの赤ちゃんは自信に満ちた子どもへと成長してくれるでしょう。

ジーナ・フォード

※著者が提案する生活スケジュールに則った育児法。赤ちゃんや子ども主導ではなく、食事や睡眠などの時間を決めて、それに沿って生活を管理するというもの。ジーナ式スケジュールについては、既刊の『赤ちゃんとおかあさんの快眠講座』（朝日新聞出版）も参照してください。

「トドラー期のやる気グングン！1・2・3歳の子育て講座」目次

ジーナ式 カリスマ・ナニーが教える

トドラー期のやる気グングン！ 1・2・3歳の子育て講座

The Contented Toddler Years by Gina Ford

First published as The Contented Toddler Years by Vermilion.
Vermilion is part of the Penguin Random House group of companies.

Japanese translation rights arranged with
Vermilion an imprint of The Random House Group Limited
through Japan UNI Agency, Inc., Tokyo

Book Design　阿部智佳子
Illustration　252%

第1章　12～24カ月になったら

人間は、1歳から3歳の間に一生で一番多くのことを学びます。学ぶ過程で、理解してもらえずフラストレーションがたまり、あまりにたくさんのことを学ばなければいけないために疲れ果てて、結果的に泣いて終わってしまうことも多くあります。これは弟や妹が生まれたときにとくに顕著で、そうでなくてもさまざまな感情が交錯するトドラー期（1～3歳）に、見捨てられたような気持ちになったり、嫉妬の感情を経験したりすることになります。

1～2歳の間に、次のようなことができるようになります。

- 自分で自由に動けるようになり、歩いたり、何かによじ登ったりできる。
- 自分のしてほしいことを言葉で伝えることができる。
- 食べるものを選んで、自分で口に運ぶことができる。
- 服を自分で脱ぐことができる。着ることができることもある。
- 友達に交ざって遊ぶことができる。おもちゃの貸し借りをするようになる。

子どもの学びをサポートしましょう

子どもの心身の発達に非常に重要なこの時期に、子どもの自信を育めるように、安全でリラックスできる環境を整えるようにしましょう。難しいことに挑戦する機会が増えると、子どもがうまくこなせないこともあります。フラストレーションのせいで出てくる問題行動には、明確な線引きをするのが不可欠です。

たとえば大人が運転を学ぼうとしたら、教習所に通います。教官は、ルールと目標を設定して、効率的なレッスンを組み立ててくれます。安全に正しく運転するための技術をマスターできるように、辛抱強く教えてくれます。失敗したときに、からかったり、罰を与えたりするようなことはありません。しかし、重大な事故につながる失敗をしそうなときは、車の運転を代わってくれます。

親は子どもが新しいスキルを学んでいるときに、同じような辛抱強さと寛容さで接しなければいけません。そして手がつけられないような状況になったときは、必要であれば責任を負う覚悟をしておきましょう。この成長段階の子どもを罰しても、ほとんど意味がありません。

自信に満ちたハッピーな子に成長するには、学ぶことが子どもにとって大きなフラストレーションにならないようにする必要があります。子どもにプレッシャーを与えるのではなく、チャレンジに立ち向かうための助けとなるわかりやすいルールや目標を定めるのが大人や教師の責任です。あなたが正しい環境を整え、応援することによって、子どもは幼児期に学ばなければいけないたくさんのスキルをマスターすることが楽になります。

Q

娘は18カ月ごろまでは、本当に手のかからない子でした。1時間かそれ以上ハイハイをして、ご機嫌よくおもちゃで遊んでいるような子でしたので、家事もきちんとすませることができました。しかしここ数カ月はどんどん大変になり、今では朝は何一つ終わらせることができません。何かできないことがあるとイライラして、「ママ、やって!」と泣きわめきます。

最初の頃は泣いているのを見るのが嫌で言うことをきいていましたが、今では簡単なパズルやレゴ(ブロック玩具)で遊んでいてもぐずりだすため、私がつきっきりで、数分たりとも放っておくことができない状況です。夫は、私が甘く、なんでもしてあげているせいでこうなっている、構ってもらいたいだけで自分で考えてできるようにならなければいけない、と言います。しかし放っておくと、娘はもっとぐずって最大級の癇癪《かんしゃく》を爆発させて、結局私が手を貸すことになります。

家事はほとんど夜にすることになり、夫と私はあまり一緒の時間をもつことができなくなってしまいました。娘と夫の両方を満足させようと家事を頑張っても、結果何もうまくいかず、気が落ち込むばかりです。さらに妊娠していることが判明しました。近くには助けを頼める親族もいないため、どうすればいいのか困り果てています。

A

1歳を過ぎて、幼児期に入ると、ほとんどの赤ちゃんは要求が増え、以前よりも手がかかるようになります。体も心も少しずつ独り歩きを始めますが、サポートやお世話がより必要な時期がきます。自分で考えてできるようにならなければならないという点は同意できますが、助けもなしでできるようになれというのは理不尽です。娘さんが成長する上で、イライラがたまるこの時期に、親はできる限りのサポートをしてあげてください。新しいことに取り組んで、解決策を探しているときに、正しい方向に導くのは重要ですが、答えを教えてはいけません。

たとえばパズルやレゴで遊んでいるときは、正しいピースをママが探して渡すのではなく、数を減らして選択肢を二つに絞り、選ぶのを簡単にしてあげるようにします。この原理は、ゲームで遊んでいるときや新しいスキルを学んでいるときなど、どんな場面にも当てはめることができます。

うまくいったら、たくさん褒《ほ》めてぎゅっと抱きしめます。間違えたときはどれが正しいピースだったかを教えて、それを娘さんにはめさせてください。

この時期は午前中のスケジュール（第4章を参照）を変更してもいいかもしれません。この年齢の子どもは、起きるとお出かけしたくてうずうずしていることが多いため、家事をする前に、公園に連れ出してもいいでしょう。もしくは、お手伝いをするのが大好きな年齢ですので、娘さんに家事を手伝ってもらうこともできます。洋服を洗濯機に入れるときは色や数を学ぶことができます。ママがいすやキッチンの引き出しの埃を拭くときは、子どもにも同じことをさせて、いくつ拭いたか数えさせることもできます。根気が必要ですが、子どもが泣きわめいている間に家事をすませようとするよりもストレスは少ないはずです。

家族から遠く離れて暮らしていると、幼い子どもを抱える親は苦労続きです。1週間に1～2日は、午前中に娘さんを誰かに預けることができるか、パパに相談してみてはどうでしょうか。こうすれば、家事を一気にすませるための時間がもてますので、別の日に娘さんともっとじっくり向き合う時間も作ることができます。地元の図書館に保育所や託児所などの一時預かり所のリストがあるかどうかチェックしてください。もしくはチャイルドマインダー（訳注：イギリス生まれのチャイルドケア。年齢によって1～3人の子どもを自宅で預かり、少人数で家庭的な雰囲気の中、在宅保育を提供する）も考慮に入れてみましょう。

娘さんを外に預けることに罪悪感を抱くことはありません。家族が近くに住んでいれば、「子どもを誰かに預けている」と意識することなく自然としていたことです。また、ママにべったりの状況が改善されれば、赤ちゃんが生まれたときにもずっと楽になります。有料のチャイルドケアで適当なものが見つけられないときは、他のママたちと協力して、定期的に遊ぶ日を設けてはどうでしょう。

たとえば、今週はお友達のお子さんを預かって、来週はお友達に娘さんを預ける、といった具合です。そしてパパとゆっくり話し合い、娘さんが大変なときに、どのように対処するか、ルールを2人で決めておきましょう。互いに協力し合い、一貫した姿勢で臨むのが重要です。

2年目にできるようになること

独り歩き

1歳を過ぎた頃には、ほとんどの赤ちゃんが歩き始めていると思いますが、しっかりした足取りで歩くのに必要なバランスやコーディネーションを身に付けるにはさらに何カ月もの練習が必要です。それまでは、きちんと思った通りの方向に歩いて行くことはできません。この時期は転んだり、ぶつかったりを繰り返すため、フラストレーションがたまり、癇癪が起こることがあります。歩き始めたばかりの時期を乗りきるためのアドバイスは左の通りです。

●足の指を広げて踏ん張ることができるため、トドラーは裸足で歩いたほうが楽なはずです。筋肉や足の発達にも効果があります。寒い時期は、室内で滑らないように加工された靴下をはかせてください。

●最初のよちよち歩きは、まず横移動から始まります。両手で体を持ち上げ、家具につかまり立ちをして横に動いていきます。つたい歩きがしやすいように、頑丈な家具を並べて置いてください。

●バランスを取るのがうまくなると、家具に手をつくのは片手だけになってきます。自信がついたら、家具から家具への短い距離を、手を使わずに1〜2歩、歩くようになります。

● 数歩、前に歩けるようになったら、押しながら歩ける手押し車のようなおもちゃがバランス感覚を養うのに役立ちます。最初はスピードの調節がうまくいきませんので、目を離さないようにしてください。手押し車だけが先に進んで、赤ちゃんが前のめりに転んでしまうことがあります。

● 車輪付きのベビーウォーカーは使わないようにしましょう。イギリスの理学療法協会も心と体の発達を妨げる可能性があると主張しています。

● 歩き始めてから6週ほどしたら、ファーストシューズを準備するため、シューフィッターにサイズを測ってもらいに行きましょう。長さと幅がぴったりのものを選んでください。足をしっかりサポートしない靴を履いていると、長期的なトラブルにつながります。

おしゃべり

何がしたいかを言葉で説明できるようになるのが早ければ早いほど、子どものフラストレーションや癇癪をコントロールしやすくなります。子どもは聞くことで話し方を学んでいきます。たくさん話しかけるのはもちろん意味がありますが、子どもがあなたの言ったことに返事をするチャンスもきちんと与えてください。

コミュニケーションは両方向のもので、子どもにとっても楽しいものでなければいけません。何を言っているかわからないことも多々あるかもしれませんが、頑張って話そうとしていることに興味を示しているのが伝われば、もっと話してくれるようになります。

15カ月ごろには六語から八語の言葉を話せるようになっている子どもがほとんどです。18カ月になると、二十語から四十語に増え、2歳になる頃には、ほとんどの子どもが二語文を話せるようになります。たとえば、「ジュースもっと」や「ママいない」などです。2歳半になると多くが二百語程度の語彙《ごい》力を身に付けます。子どもによって能力はかなり差がありますが、言語発達に関して心配事や悩みがあるときは、保健師や小児科医に相談しましょう。

堂々と話ができる子どもになるように、次のガイドラインを参考にしてください。

●読み聞かせは語彙力を伸ばすのに非常に優れた方法です。お話を読みながら関連するものを指でさして説明します。1日に二度、短い読み聞かせの時間を設けましょう。本を読んでいるときは電話には出ず、テレビやラジオなど気の散るものも消してください。

●単語を発音するときに口の動きが見えるように、ゆっくり、はっきりとしゃべりかけましょう。この時期は、短くシンプルな文章で話しかけてください。三語から四語の文ができるようになったら、文章を長くしていきます。

●話す気が失せないように、言い間違いをしても訂正するのはやめましょう。代わりに、ママが正しく言い直してください。たとえば、「あまいチョコ」を「あないコチョ」と言ってしまった場合は、正しく言い直させるよりも、「そうね、あまいチョコね」と返事をします。

●子どもはみんな大人のまねをするのが大好きです。童謡を大きな振り付きで表情豊かに歌ったり、同じ単語を何度も繰り返し使用したりすると、言語能力を高めるのに非常に役立ちます。

●子どもと一緒にしていることを文章にして、大事なキーワードを強調しながら話しましょう。「あなた」や「それ」などの代名詞は使わないようにします。「お靴を履こう」や「それはどこかな」と言う代わりに、「ジェームズの赤いお靴を履こうね」「ジェームズの青いボールはどこかな」と具体的に言います。

●子どもが初めて使った単語はリストにして記録しておきましょう。そして家族の会話の中でできるだけ使うようにしてください。

●最後に、語彙が増えるにつれて、子どもは何度も同じ質問をしてきます。繰り返し同じ答えを言うことになりますので心構えをしておきましょう。これもすべて話し方を学ぶ成長過程の一環です。丁寧にきちんと答えれば、子どもはもっとコミュニケーションをとろうと頑張ります。

Q

20カ月の息子はなんでもすぐにやりたがり、それができないと怒り始めて機嫌が悪くなります。「ばあばは午後になったら来るよ」と言ったり、「あとで公園に行こうね」と言ったりすると、それが実際に起きるまでずっとぐずり続けます。待ちきれず文句を言い続ける息子に我慢できず、ときどき怒鳴ってしまいます……。

A

3歳前後にならなければ、子どもは時間の概念を理解することはできません。そのため、「あとで」といった表現を使ったり、明日や遠い将来の話をしたりするのはやめましょう。毎日の習慣と結び付けて、近い未来の出来事を想像させます。たとえば、「朝食のあとで、公園に行こうね」「ランチのあとに、ばあばが遊びに来るよ」「夕食を食べたら、パパが帰って来るよ」などと伝えます。それでも辛抱できずに何度もいつになるのか聞いてくるかもしれませんが、この方法で説明すると、いつになるのかを理解する助けとなります。

着替え

14カ月になる頃には、ほとんどの子どもが帽子や靴下を自分で脱ぐことができるようになっています。手先の細かい作業能力を発達させるためのおもちゃを取り入れるのに素晴らしい時期です。形合わせのおもちゃや、ファスナーやボタンの付いた着せ替え人形などが最適です。子どもが一生懸命取り組んでいるときは、いつもより長く待つことが重要です。急かしたり、ママがイライラしたりしていると、それがすぐに伝わりますので、たくさん応援してあげましょう。自分で着替えができるようになるために、次のアドバイスを参考にしてください。

●18〜24カ月の間に、ほとんどの赤ちゃんは自分で服を脱ぐことができるようになります。けれども、ボタンやホックなどは手伝いが必要かもしれません。

●子どもにフラストレーションがたまったり、飽きてしまったりすることがないように、着替えは段階的に教えましょう。まず靴下とズボンをひとりで脱げるようになったら、次は靴下とズボンとパンツを脱げるようにさせます。着るときも同じ方法で教えてください。

● 何を着るかを自分で選ばせて、自主性を育みましょう。しかしあなたが選んだものの中から選ばせることで、主導権は握っておきます。

Q

22カ月の娘がいます。最近までは朝は進んで着替えをし、部分的に自分で脱ぎ着もできていました。でも娘を溺愛する祖父母の家に数日滞在してからは、朝の着替えを完全に拒否するようになり、走り回ってかくれんぼを始めたり、おもちゃで遊び始めたり、さらにはテレビをつけろと要求したりするまでになってしまいました。

午前中に週3回、チャイルドマインダーに預けていて、9時にオフィスに到着するためには、8時30分には娘を送って行かなければいけません。辛抱強く着替えをするように諭《さと》していましたが、あまりに時間が迫ってくると、最後には怒鳴って娘に服を無理やり着せています。結果家を出るときには、私も娘も感情的になって泣いていることも少なくありません。

A

祖父母は朝たっぷり時間をかけて着替えをさせられるため、着替えが遊びに発展し、結果、手に負えない状況になってしまったのでしょう。小さな子どもには、着替えをゲーム感覚でやらせるとうまくいくことも多いのですが、自己主張が強くなり、構ってもらうためにそのゲームを使って主導権を握ろうとすると問題です。次の方法は、たくさんの子どもたちに使ったやり方で、数日以内には状況が改善するはずです。子どもが悪ふざけを始めても態度を変えず、粘り強く続けてください。保育園や仕事のない日に始めてください。

まず前日の夜に、次の日に着る服を娘さんに選ばせて並べておきましょう。

次の日の朝、食事のあとにすぐに部屋には連れて行かず、まずは少しお手伝いをさせてください。鳥にあげるためにパンくずを準備したり、公園に行くためにジュースやビスケットをリュックサックに詰めさせたりなど、なんでも構いません。

公園へのお出かけがどれほど楽しいか、またどんな人に会えるかなど、たくさんお話をしてください。子どもが興味を示したら、公園に行けるように早く着替えようと誘います。着替えるのを嫌がったら、「じゃあ、鳥に餌はあげられないし、ブランコにも乗れないわよ」と、楽しいことができなくなると話しましょう。通常は、着替えをさせるにはこれで十分なことが多く、うまくいったら、早く準備ができたことをたくさん褒めて、ママがどれだけうれしいかを伝えてください。

公園に着いたら、着替えが早くできて感心したことをもう一度伝え、特別にご褒美《ほうび》としてアイスクリームやお菓子をあげてもいいでしょう。ここで重要なのは、ご褒美はいいことをした結果もらえたのだと理解させることです。着替えの前にアイスクリームをご褒美としてあげると約束するのは、「賄賂《わいろ》」のようなもので、いつどのように行動するかを子どもが決めることになります。

これがうまくいったら、ご褒美シールを貼る着替え用の表を用意し、着替えが上手にできたことをもう一度褒めてシールを貼ってください。次の数日も同じ方法で続けます。嫌がらずに素早く着替えるように、子どもが行きたがっている場所を選び、上手にできたらシールを貼って、小さなご褒美をあげます。嫌がらずに着替える習慣が付いたら、ご褒美は1日おきに減らし、そのあとはシールを数個集めたらご褒美を一つあげるようにしてください。

最初の日にお出かけすることに興味を示さなかったり、2日目や3日目の作戦がうまくいかなかったりしても、気にせず、着替えを嫌がるのは無視してください。逃げ回るようであれば、つかまえて数分間落ち着かせたら、子どもの目線まで下がり、「着替えをしたくないなら、それでいいよ。でも、服を着るまではどこにもお出かけしないよ」ときっぱり伝えます。子どもが構ってもらいたそうにしても気付かないふりをしてください。1時間に何度も言うことになるかもしれませんが、何があっても、「着替えをしたらね」と言い続けてください。

困ったり、怒ったりしているようなそぶりは見せず、どんな状況でも賄賂を使ってはいけません。テレビやDVDをつけられないように、電源を元から切って、着替えをするまではおもちゃでもあまり遊ばせないようにします。この状態が2時間ほど続くこともざらにありますし、数日続くかもしれません。しかし一貫した態度で臨み、子どもにとってつまらない状態にしてしまえば、早く着替えをすませたほうが楽しいことが待っていることにすぐに気付くでしょう。

素早く着替えをする意思を見せたら、たくさん褒めてください。とくにお友達や家族の前で、

「サシャは今朝とてもいい子だったのよ。すごく早く着替えができたの。ママもパパも感心しちゃった」などと言うと効果的です。

朝食のあとに、「さぁ、着替えよう」と言う代わりに、「公園に行ってお友達と遊ぶの楽しみだね。ジョニーくん、いるかな」や、「今日はきっと鳥さんがお腹《なか》をすかせて待ってるよ。早く公園に行って餌をあげようね」などと誘ってください。

楽しいことが待っていると思えるように、どんなことができるか具体例を示すと、放っておかれて家を走り回っているよりも、お出かけして遊べるように急いで着替えたいと思い始めるはずです。

食事

いまだに、つぶして裏ごしした食べ物を与えていたり、哺乳びんを使わせていたりすると、子どもがひとりで食べるようになるのに時間がかかります。上手にひとりで食べられるようになるには、人さし指と親指でものをつまむスキルを上達させなければいけません。フィンガーフードや小さくカットしたフルーツや野菜を食べさせるようにしましょう。哺乳びんは、1歳になる頃には使うのをやめてください。母乳以外のすべての飲み物は、こぼれにくいトレーニングマグやコップで飲ませるようにしましょう。

次のガイドラインを参考にして、ひとりで食べる習慣を身に付けさせてください。

●12〜15カ月には、ほとんどの子どもがスプーンを使い始めるはずです。食べ物をスプーンにのせて、口まで運ぶ手伝いをしなければいけません。

●18カ月には、十分練習を積んでいれば、ほとんどの子どもは自分でスプーンを使って食事ができるようになっています。スプーンを使ってひとりで食べるには、お椀状の器を使うとうまくいきます。

●2歳になる頃には、子ども用のフォークを使って食事ができるほど目と手の協調性が発達し、助けなしでも食事をすべて自分で食べることができるようになっているはずです。家族と一緒に食事をしていると、大人のまねをして、スプーンやフォークが早く使えるようになります。

食事中に子どもとけんかになったら

最初の1年で赤ちゃんはあっという間に大きくなります。1歳になる頃には、身長は1・5倍になり、体重は3倍に増えています。2年目に入ると成長はゆっくりになり、食欲も減ることが多いのに気付くと思います。エリザベス・モースは著書『My Child Won't Eat』(私の子どもは食事をしない、1988年、未邦訳)の中で、「1年目の成長と同じスピードで大きくなっていたら、10歳になる頃には、身長は29メートル、体重は200トンになっています」と書いています。

残念ながら、子どもの食欲が減るのは極めて普通のことだということを知っている親はあまりいません。子どもが十分食べていないのではと心配になって、昔と同じくらいの量を、無理やり食べさせようとします。子どもにもっと食べさせようと無理強《じ》いしても、通常逆効果で、育児の専門家たちが「フード・ファイト」と呼ぶような状況に陥ります。食事の時間は常にバトルが繰り広げられ、親が一口でも多く食べさせようとすると、子どもは泣き叫びます。

このような問題が将来的に起きないようにするには（または、すでに起きている場合は）、ヘルシーでバランスのとれた食生活を送るには何を食べさせればいいのかをしっかり把握する必要があります。そうすれば、食事のたびにけんかになる、好き嫌いの多い子どもではなく、健康的な食習慣を身に付けた子どもに育っていきます。

18カ月の子どものための食事は次のようなものでなければいけません。

●朝食（午前7時30分～8時）
オーガニックの全脂肪乳　コップ1杯
牛乳と小さく切ったフルーツ入りのシリアル　50グラム
オーガニックのヨーグルト
バター付きのトースト

●午前中のおやつ（午前9時30分～10時）

薄めたジュースかお水　コップ1杯
フルーツ　小1個

●昼食（正午）
鶏肉、または白身の魚　50グラム
ブロッコリー、またはカリフラワー　2房
小さく切ったニンジン、またはベビーコーン　1個
グリーンピース　大さじ1杯
薄めたジュースかお水　コップ1杯

●おやつ（午後15時）
薄めたジュースかお水　コップ1杯
フルーツ、ライスケーキ、ベビー用クッキー　いずれか小1個

●夕食（午後17時）
野菜ソースのパスタ
ヨーグルトかチーズと小さく切ったリンゴ　小1個

牛乳か薄めたジュース　コップ1杯

●就寝前（午後19時〜19時30分）
オーガニックの全脂肪乳　コップ1杯

注意点：フルーツジュースはかなり薄めたものを飲ませてください。虫歯ができる可能性がありますので、飲ませるのは1日に2杯以下、お食事の時間のみにしてください。

月齢に合わせてどのような食品を食べさせるかは、第4章で詳細を確認してください。

食べ物の好き嫌いが出たら

意地を張り合って食事のたびに衝突するのは避けなければいけません。この時期にどのようにこの問題に対処するかが、子どもの食に対するのちのちの姿勢に影響を与えます。私の経験からも、食べるのを嫌がったときに、説得したり、他のもので気を引いたり、スプーンで無理やり食べさせられたりした子どもは、長期的な問題に発展することがほとんどでした。

食べる量が十分ではないと心配なときは、1週間で何を食べたかを記録してください。摂取した食べ物と飲み物の量と時間をすべて書き記します。日々、子どもの食欲は大きく上下しますので、1週間でどれだけ食べたかを計算するのが重要です。4〜5日間の平均で考えると、必要な栄養摂取量とほぼ同じくらい食べていることに気付くと思います。しかし、量が足りていない場合は、医師や保健師に相談することをおすすめします。

食べるのを嫌がったり、好き嫌いが激しくなったりする理由で、もっともよくあるものを左にまとめました。また、食習慣を改善して、長期的な問題に発展しないようにするためのガイドラインも同時に参考にしてください。

●食事を嫌がる場合は、牛乳の飲みすぎが主な原因です。食事に使用する量も含めて、1日に350～600ミリリットル飲む必要があります。1歳になったら哺乳びんは卒業し、飲み物はすべてトレーニングマグやコップで飲ませてください。

●食事の直前、または1時間以内にフルーツジュースをあげると、食欲に影響が出ることがありますので、飲み物は、食事を半分終えた時点で飲ませるようにしましょう。食間にはお水を飲むのに慣れさせてください。ジュースをあげる場合は、十分薄めて、食前2時間以内にはあげないようにしましょう。

●よく売られているヨーグルトなどの乳製品は糖分が高く、100グラムあたり14・5グラム入っていることもあり、ほとんどの場合、砂糖は原材料の中で2番目に多く含まれています。大好きで中毒のようになることもあり、食べさせすぎるとその他の食品を食べなくなってしまいます。

●1～2種類の食品を大量に食べさせるのではなく、種類を増やして少量ずつ食べさせるようにしましょう。たとえば、魚にニンジンとジャガイモを添えるだけではなく、その他にカリフラワーとグリーンピースなども足すと、子どもの味覚を刺激することができます。子どもが好きだとわかっている食品をいくつか準備すれば、少なくとも少しは食べてくれるはずです。

●たんぱく質を含んだ1日のメインの食事はランチに与えるのがベストです。1日に一度はきちんとした食事をとらせていると思えれば、疲れのたまる夕方にきちんと食べさせられなくても気をもまずにすみます。夕食は、パスタやスープとサンドイッチなどの簡単なものですませることもできます。

●食事やおやつは必ず時間通りにあげるようにしましょう。30分たってもあまり食べることに興味を示さなければ、何も言わずに食事を下げてください。しかし、次の食事やおやつの時間まで、食べ物や飲み物は与えないようにしましょう。食事とおやつの間は2時間空けるようにしてください。

●ほんの少量でも、食前2時間以内に間食をすると、食欲に影響を与えることがあります。消化に時間のかかるものはとくに食欲を減退させやすいので、気を付けてください。

●完食させるために、デザートや甘いもので気を引くことはやめてください。何かで誘って食べさせていると、食事自体が「いいもの」ではないという考えを植え付けてしまいます。フルーツやクラッカーとチーズ、または潰したフルーツを混ぜたヨーグルトなどをあげるようにしてください。

●食事中は本やゲームなど気を散らすものはさせないようにしてください。また、あなたが子どもに話しかけていると、そのたびに返事をしなければいけなくなります。食事をほとんど食べ終わるまでは、あまり何度も話しかけるのは控えるようにしましょう。

健全な食習慣を身に付けるには

食事は、楽しくてリラックスできるものでなければいけません。2歳未満であれば、食事中に汚してしまうこともあるかと思います。しかしこの時期は、楽しんでしっかり食べていれば、食べこぼしには目をつぶりましょう。しかし、食べ物で遊び始めたり、床に投げたりしたときは、お腹がすいていないと判断して、お皿を下げてください。

お腹がすいていないときに無理やり食べさせようとしても、うまくいきません。食事と飲み物を摂取する時間をきちんと管理していれば、子どもはきちんと食べます。疲れすぎたり、お腹がすきすぎたりしている子どもは、同じような状態の赤ちゃんと同じできちんと食べなくなりますので、食事の時間を守るのは非常に重要です。

経験上、ランチを正午12時、夕食を午後17時に始めるには、朝食は午前8時までに食べ終える必要があります。おやつは食事と食事のちょうど真ん中の時間に与えてください。ほんの少しの量でも、食欲に影響を与えることがありますので注意しましょう。7時30分には朝食を始めている子どもであれば、午前中のおやつは9時30分~10時の間に、そして午後のおやつは15時にあげましょう。

トドラー期の行動の特徴

2年目になると、歩いたり、お話をしたり、自分で着替えや食事ができるようになります。しかし、そのためには、日々小さなハードルを越えていく必要があります。ときにイライラが爆発して、どうしようもなくなる瞬間もあります。電気を一度に使いすぎると、電気系統がショートしてしまうように、感情がイライラや怒りでいっぱいになるとパンクしてしまう子どももいます。これが癇癪といわれるものですが、子どもの成長過程では当たり前のことで、どうしようもなくなってしまったことを親に伝えるためのコミュニケーションの方法でもあります。

癇癪

1歳の誕生日を迎えるあたりで、やんちゃや癇癪が出やすくなり始めます。これは、歩き始める頃と同時期の場合が多く、癇癪は2歳のお誕生日あたりでピークを迎え、3歳ごろには収まっていることが多いようです。ひどい癇癪もちの子どもは、ヒステリーを起こしたように泣き叫び、大騒ぎして床を転げ回って、蹴られるものはなんでも蹴り始めます。子どもにとっても親にとっても、このような深刻な事態は非常にストレスになります。このようなことが日常的に起こることがないように、手を打たなければいけません。

子どもの発達上、たくさんの新しいスキルをマスターしなければいけないこの非常に重要な時期は、ストレスがたまることも多くなります。ですので、子どもが疲れすぎないように、お出かけや睡眠を注意深く管理する必要があります。私の経験上、お出かけや睡眠の時間がきちんと管理されていない子どもは、このようなひどい癇癪を起こしやすくなります。起こしてから対処するよりも防止策を講じましょう。癇癪を起こす理由がわかれば、起きるのを防ぐのに非常に効果的です。癇癪のもととなるイライラの主な原因と対策は次の通りです。

- 聞いたことをほぼすべて理解する能力はあるのに、自分がどう感じているか、本当は何がしたいのかを伝える言葉の能力がまだ備わっていない。
- もっと自分でやってみたいという欲求から、自分の身体的能力を超えたことをしようとしてしまう。
- 自分にとってちょうどいい量を食べているのに、「あともう一口」と親が考える理想の量を強制される。
- 新しいおもちゃ、テレビや動画、習い事などで常に刺激を受けていると、想像力を働かせることができなくなる。常に新しい刺激を求めるようになり、それが満たされないと退屈から癇癪へと発展する。
- トドラーと一緒に長い時間買い物に出かけても、いつも泣いて終わることになりやすい。長い買い物になりそうなときは、同じくらいの年の子をもつママに数時間子どもを見ていてもらう。お返しに、交代で行う。

●「ノー」と言う前に、もう一度考えてみる。ダメという言葉を簡単に使うと、本当にやってはいけないことのときに効果がなくなってしまう。
●パパとママは、同じルールを共有して一貫性をもつ。子どもは、何がよくて、何がいけないのかがわからず混乱してしまう。

癇癪が起きたときの対処法

何が原因で癇癪が起きたのかがわかっていれば、完全に手に負えなくなる前に介入して止めることができるため、習慣になるのを防ぐことができます。腹が立ったり、嫉妬したり、怖がったり、ストレスがたまったりといった感情が爆発すると、癇癪が起きるのは当たり前です。自分の心が感じているざわざわとした気持ちを表現する方法だからです。

わざとママを困らせたり、悪い子になったりしようとしているわけではないので、罰を与えるようなことはしてはいけません。この状況にどう対処するかは、癇癪の理由と子どもの年齢によって違います。しかし大事なのは、癇癪のせいで罰を受けたり、ご褒美をもらったりしてはいけないという点です。

子どもが癇癪を起こしたときの対処法を次にまとめましたので参考にしてください。

●気をそらす

気をそらすのが一番の方法だと思っている親がほとんどのようです。それには、激しく泣き叫ぶまで放置せず、癇癪が起きたらすぐに対処しなければ効果がありません。子どもの気をそらすには、次の三つの方法がもっとも効果的です。

①ほとんどの子は水遊びが大好きですので、哺乳びんやプラスチックの入れ物を洗うのを手伝ってもらいましょう。食事の時間が近ければ、野菜や果物を洗うのを手伝ってもらったり、気候がいいときは、庭の水やりを頼むこともできます。

②風船やパーティー・ハット、クラッカーを買い置きしておいて、癇癪を起こしそうになったときに取り出してください。または、シャボン玉のセットもかなり時間がもつはずです。

③冷蔵庫にパイ生地を買い置きしておくママもいます。癇癪が出そうになったら、おいしいものを焼こうと誘ってみてください。パイ生地を叩《たた》きつけたり、握ったりして遊んでいると、イライラを解消することができます。

●タイムアウト

気をそらそうとしてもうまくいかず、本格的な癇癪が始まってしまったときに人気の方法がタイムアウトです。祖父母や親族、友人がなんとか手を貸してくれようとしますが、彼らの前で癇癪が始まってしまったときにとくに効果的なのは、子どもをベビーベッドに連れて行ってドアを閉め、落ち着く時間を与えることです。

●抱きしめる

ぎゅっと抱きしめて、優しい声で語りかけると効果があるという親もいます。私の経験上、この方法は、子どもが激高して手がつけられなくなる前か、小さく簡単につかまえられる年齢であるか、感受性が強くあまり我が強くないタイプであれば効果があります。

●注目しない

癇癪の対処法で一番いいのは、そのまま放置して完全に無視することだという親もいます。必要であれば別の部屋に行って、誰も注目していないことを気付かせましょう。この方法も効果はあるようですが、子ども部屋が安全で、キッチンから見える場合のみ試してください。けがをすることがないように注意を払う必要があります。

攻撃的な態度が出たら

叩いたり、蹴ったり、噛《か》んだり、引っ掻いたりといった攻撃的な振る舞いが時に出ることもあります。私の経験上、このような激しい行動をとる子どもは、精神的に不安定になっている場合が多いようです。弟や妹ができて両親の注目が突然半分になったように感じたり、公園でおもちゃを貸さなければいけなくなったときに、腹を立てたり、嫉妬したりすることがあります。おもちゃの貸し借りに慣れていないと、蹴っておもちゃを取り返そうとしたりするかもしれません。赤ちゃんにおっぱいをあげていたら、手をかけてもらっていないと感じたお兄ちゃんに急に噛まれることもあるでしょう。赤ちゃんのほっぺを優しくなでるはずが、引っ掻いてしまうこともあります。

こういった瞬間的な攻撃性は故意のものではありますが、計画的なものではなく、子どもはなぜこんなことをしてしまったのかはわかっていません。通常親に向けられる癇癪とは違って、攻撃的な行動は、子どもが脅威を感じる人たち全員に向けられます。自己主張し、注目を独り占めする方法としてこのような行動をとるのが習慣になると、他の親や子どもたちの間で悪い評判が立ち始めます。

攻撃的な振る舞いが、兄弟間の嫉妬だと感じる場合は、第5章のアドバイスを参考にしてください。このような行いへの対処法を次にまとめました。

- どんな形であれ、攻撃的な振る舞いは決して許されないと、子どもが学ばなければいけません。そのため、子どもを叩いて罰するようなことはしてはいけません。
- 子どもが攻撃的な態度を見せたら、すぐに少し離れた場所に連れて行き、噛んだり叩いたりするのは絶対にしてはいけないことだと、わかりやすく、しかし確固とした口調で説明してください。「ダメな子」や「悪い子」といった言葉は、子どもがもっと不安定になる原因になりますので、使わないようにしましょう。
- 子どもがいいことをしたときはたくさん褒めてください。とくに弟や妹、他の子どもと上手に遊べたときには、しっかり伝えましょう。

●他に子どもがたくさんいるときは、とくに気を付けて、子どもがイライラしているように見えたら、すぐに別のことに気をそらしてください。

●たとえ数分でも、子どもと赤ちゃんは決して2人きりにさせてはいけません。2人一緒にいるときは、必ず両方が見える場所にいてください。

次の例は、私が何度も目にしてきた状況です。癇癪から始まって、どのように攻撃的な振る舞いへと発展したかが書かれています。

イザベラ（18カ月）の場合

イザベラは、1年目は（自著の）『赤ちゃんとおかあさんの快眠講座』（赤ちゃんの授乳や睡眠のスケジュールを紹介。以下、『快眠講座』）そのままの機嫌のよい赤ちゃんで、よく食べよく眠り、朗らかな性格で、いつもニコニコしていました。4歳と6歳の姉と家族みんなに可愛がられる末っ子で、生まれてからの最初の1年半は非常に楽な子でした。

18カ月になるとイザベラは姉たちを叩くようになりました。ご機嫌がとてもいい子ではありましたが、注意を引きたいときに手を出すことが増えてきたのです。姉は2人とも気性が穏やかで、やり返すことは決してありませんでした。しかし、すぐにイザベラは両親を叩くようになりました。ママは、抱っこやキスで落ち着かせようとしましたが、イザベラは拍手をするように、両手でママの頬をひっぱたくのです。このような問題は上の2人のときは起きたことがないため、ママは困惑してしまいました。そしてそのような子どもを見かけたときは、いつも親のしつけが悪いせいだと思っていたのです。

ママは、イザベラや姉2人を叩いたことは一度もありませんでした。しかし、姉たちが何度言っても言うことをきかないときは、まれに階段に座らせることはありました。イザベラは、階段に座らせても反省する様子はなく、この「罰」をかえって喜んで受け入れ、まるでゲームのように姉を叩いて階段に向かって走り出すようになりました。

他の子どもを叩くようになったときに、イザベラのママがアドバイスを求めて私に連絡してきました。イザベラが姉を叩いたとき、最初の数回は、その激しい性格に家族一同驚きながらも感心してしまったそうです。また、末っ子で家族全員に可愛がられているため非常に甘やかされていて、多少のやんちゃでは怒られることはあまりなかったようです。このような行動はトドラーの時期はよくあることとは理解しているようでしたが、叩くのをやめさせようとすると、そのたびにイザベラがかえって喜んでいることを心配していました。妹に対して優しく辛抱強く接する姉たちが、ずっと我慢させられているのは不公平だとも思っているようでした。

話をしていくうちに、みんなの注目を浴びるのが大好きで、賢いイザベラは、叩くとすぐにみんなが注目してくれることを学んだということに気付きました。ママが罰として彼女を叩かなかったことは素晴らしく、「叩くのはいけないことだ」と教えているときに、罰として叩くのは間違っているという点で意見が一致しました。

まず最初に、イザベラがママか姉を叩いたときは、家族全員で「イザベラ、ダメよ」と伝え、目を合わせないようにアドバイスしました。叩くのはゲームではなく、悪いことをしても何もいいことはないとはっきりわからせるようにするのが重要です。そして次に、イザベラが姉を叩くことができるような状況を作らないようにアドバイスしました。イザベラが叩いたときに姉が床に寝転がっていた場合は、すぐにいすに座ったり、自分の部屋に行ったりして、イザベラの手の届かない場所に逃げるように言いました。同様に、ママが抱っこしているときにイザベラが手を上げたら、すぐに床に降ろして、別のことをさせて注意をそらすように助言しました。

1週間もすると、イザベラが叩いたときの家族の反応が功を奏し始めました。時に家族を叩くこともありましたが、思ったほど反応が得られないため興味がなくなり、回数が減ってきたのです。

最後に、「またしたらベビーベッドに連れて行く」と伝えるようにアドバイスしました。ママは、いつも寝つきがよく、ベッドで遊んだり寝転んだりするのが大好きなイザベラが、ベッドに行くのを嫌がるようになるのではと心配していましたが、これをしなければいけないのは一度か二度のことで、寝つきに影響が出る可能性は極めて低いと説得しました。

次に姉を叩いたときは、ママがイザベラを抱き上げてベッドに連れて行き、数分ひとりにしておきました。イザベラはびっくりして泣いていましたが、姉を叩いたせいでこうなったと理解し、「ごめんなさい」と叫び始めました。ママはイザベラをぎゅっと抱きしめて、姉にキスをするように言いました。

イザベラはもうすぐ2歳になりますが、この2カ月間、家族や外出先で人を叩くことはなくなりました。本来の可愛らしいイザベラが戻ってきたのです。

褒めることには弊害もある

親は、何かが上手にできたと思ったときに、子どもを褒めますが、ここで問題なのは、子どもの行動を褒める基準が親の価値観と判断によって100パーセント決まっている点です。ここに子どもの視点が入り込む余地はありません。

心理学者で7人の子どもをもつジェーン・ネルソンは、いい子にしようと子どもを褒めすぎると、親を喜ばせ、受け入れられることだけが子どもの目的になると主張しています。『Positive Discipline』（ポジティブなしつけ、2006年、未邦訳）と題された彼女の著書には、このような子どもは（そして成長して大人になってからも）、自我を形成する際に、他人の評価だけを基準にするようになると説明しています。

また、別のケースでは「他人の期待に応えるのは嫌だ」「自分より優秀ですぐに評価される人たちと競いたくない」といった理由で、反抗したり腹を立てたりするようになると主張しています。褒めることの長期的な弊害として、他人の評価に依存する子どもになりがちだという点が挙げられます。

ネルソンは、自分の価値観で自己評価を下せる自立した子どもになるには、褒めるよりも、「励まし応援する」ほうが好ましいと考えています。それでも私は、褒めることは子どもを育てる上で、非常に大切な要素だと思います。

しかし、褒め方に注意が必要です。彼女の素晴らしい本を読んで、子どもの行動を改善するには、子ども自身を漠然と褒めるのではなく、子どものどの行動を褒めているのかを明確にした上で、「頑張りを認めて励ます」のが最も効果的だと考えるようになりました。

子どもが褒められたときにどう感じるかを理解するために、大人である私たちがどう感じるかを見てみましょう。たとえば、夫のためにパーティーを計画し、何時間もかけて準備をしているときのことを思い出してください。食材を買って下ごしらえをし、調理したら最高の状態で並べて、自分もドレスアップします。お客様が帰るときには、お礼を言ってお見送りします。

次の二つのコメントのうち、どちらがより心に響きますか。

①君は本当に最高だ。こんなに素晴らしい妻をもてて本当に幸せだよ。君がいなかったらどうなっていることか。美しい君は、いつも何をやらせても完璧で感心してしまう。

②大成功だったね。素敵な夜をありがとう。素晴らしい食事を作るための時間と手間ひまにとても感謝しているよ。みんな楽しんでくれたね。君はどう？　楽しかった？

①は、夫があなたに求めているイメージで、あなたがどう見えて、どう振る舞って、どう行動するべきかを基準にしています。このように褒められて、「そう、私は本当に最高。美人でなんでも完璧にこなせる私といられて、夫は本当にラッキー」と思う人はほとんどいないでしょう。上から目線でものを言われて、期待に応えようとプレッシャーを感じるのではないでしょうか。

②は、あなたの頑張りだけでなく、あなた自身がパーティーを楽しんだかを考えてくれています。あなたに対するわかりやすい褒め言葉の①とは違って、感謝と尊敬の念が根底にあります。

睡眠のトラブル

夜中に目を覚ます

1年目にどんなによく眠る『快眠講座』から抜け出たような赤ちゃんでも、2年目になると突然眠らなくなることがあります。赤ちゃんのときは就寝時間にコトンと寝ついて夜通し眠っていたのに、急に眠るのを嫌がって夜中に何度も起きるようになるにはいくつか理由がありま す。トドラーが夜中に起きるようになる理由で一般的なものは次の通りです。対処法もあわせて参考にしてください。

●スケジュールが不規則

2年目に入るとより活発になって、以前よりアクティビティ（家の外でのさまざまな活動）に参加することが増えてきます。そのせいで心身ともに子どもが疲れてしまうことがあります。決まった時間にお昼寝をしていない子どもや就寝時間がバラバラな子どもは、より疲れやすく、それだけで夜中に目を覚ます原因になります。お昼寝も夜も、毎日同じ時間に眠らせて、定着させましょう。

●眠りすぎ

日中に必要な睡眠時間が減る時期がきているのに気付かないことがよくあります。これが夜中に目を覚ます原因となっています。1歳ごろは、ほとんどの赤ちゃんはまだ2回のお昼寝と夜の睡眠を合わせて1日14～15時間寝ています。しかし2年目に入ると、必要な睡眠時間は、お昼寝1回と夜の睡眠で1日平均13～14時間に減っていきます。夜中に目を覚ますのが習慣にならないように、睡眠時間を短くしてきちんと管理しましょう。

次の兆候があれば、おそらく睡眠時間を減らす準備はできています。

- ●月齢が15～18カ月になると、ほとんどの赤ちゃんは睡眠時間を減らす必要が出てくる。
- ●午前9時30分のお昼寝の際、寝つくのに時間がかかるか、すんなり寝ついても15～20分で目が覚める。
- ●午前中のお昼寝でよく眠ると、ランチタイムのお昼寝で寝る時間が短くなる。
- ●就寝時に寝つくのに時間がかかる。または、朝早く目を覚ますようになった。

以上のような兆候に気を付けていれば、夜の睡眠に影響が出ないように、日中の睡眠を管理することができるはずです。

●おしゃぶりを使っている

ベビーベッドの中でおしゃぶりを使っている子どもは、なくなると夜中に何度も目を覚ますことがあります。これの唯一の解決法はおしゃぶりを完全に卒業することです。第6章を参考にしてください。

●弟や妹が生まれた

赤ちゃんが生まれると、夜中に目を覚ますようになる子どもがいます。日中のスケジュールを調整して、子どもと1対1になれる時間を作ってください。夜中に目を覚ましたときは、長々と会話はせず、短時間で落ち着かせて寝かしつけてください。日中に十分に手をかけてもらっていないと感じると、その満たされない気持ちを夜中に埋めようとします。第5章に詳細がありますので参照してください。

●不安になる

赤ちゃんが生まれたり、引っ越しをしたり、保育園が始まったり、ママが職場復帰したりすると、子どもが不安になって夜中に目を覚まし始めることがあります。ベッドでいつも一緒に眠れるような、お気に入りのぬいぐるみを用意すると状況が改善することがあります。不安に感じることがないように、昼間も十分ケアをしなければいけません。

保育園やその他の場所に子どもを預けている場合は、お世話を担当する人に相談して、とくに気を付けて見てもらいましょう。仕事から戻ったら、必ず子どもと会話をする時間を作りましょう。子どもが2人以上いるときは、週に1～2回、夫や祖父母にきょうだいを預けて、2人だけの時間を作ってください。

●刺激の多い怖い話

1歳も後半に入ると、子どもの想像力が豊かになり、寝る前に合った話を選ばないと、刺激を受けすぎて怖がるようになることがあります。寝る前はビデオを見すぎないように制限して、刺激の少ない、怖くない話を選んでください。

●就寝前に癇癪を起こす

寝る前に泣いていると、夜中目を覚ますようになる子どもが多いようです。癇癪を起こして泣く子どもは、通常、興奮しすぎや、過度な刺激が原因です。就寝準備は、毎日同じ流れで、ゆったりとした環境で行ってください。

●子ども用のベッドに移すのが早すぎる

私の経験上、ベビーベッドから子ども用のベッドに移すのが早すぎると、夜中に目を覚ます原因になります。18カ月から2歳の間に移す親が多いのは、下の子どもの誕生に合わせてベビーベッドが必要になるからでしょう。大きなベッドに移したらよく眠るようになったという友達の話を聞いて実行する人もいるようですが、私に言わせると、それはもともとあまりいい睡眠習慣が身に付いていなかっただけだと思います。

私のクライアントのほとんどは、3歳になるまでベビーベッドで寝かせていました。全員スリーパーを着て寝ていましたので、ベビーベッドの柵をよじ登ろうとすることもありませんでした。2人目のためにベビーベッドが必要なときは、2台目を購入するか、子ども用のベッドを購入し、赤ちゃんが生まれる前にトドラーを移していました。子ども用のベッドは、のちのち2人目の子どもが使うこともできます。

ベビーベッドから大きいベッドに移す際は、次のポイントに気を付けてください。

●ベッドに移すのが早すぎると、朝早く起きるか、夜中に目を覚ますようになることがあります。ベッドで寝かしつけようとしても嫌がって、結局ママとパパのベッドで眠ることになりがちです。

●夜中に赤ちゃんの泣き声が聞こえると、ベッドから抜け出そうとすることがあります。赤ちゃんと同じように構ってほしくて、ミルクと抱っこを要求するようになります。

●ベッドで寝ていると、自分でおむつを外してしまうトドラーがいます。しかし、朝までおむつなしで通すことはできません。

●夜のおむつを卒業すると、通常はおまるとナイトライトを部屋に置くことになると思います。私の経験上、ベッドで寝ている3歳未満の子どもは、ナイトライトをつけていると目を覚ますことが多く、再び寝かしつけるのが大変です。

サラ（23カ月）の場合

サラは全然眠らない赤ちゃんで、18カ月で「ねんねトレーニング」をするまでは、夜通し眠ることもありませんでした。18カ月間、一晩に2～3回起こされていたママは、21時に寝て、朝6～7時まで目を覚まさなくなったサラの状態に大喜びしていました。日中は正午前後に2時間のお昼寝をしてくれましたので、18～21時までぐずるサラに付き合う余力もありました。サラは21時になると疲れきって、ベビーベッドでミルクを飲みながら眠りに落ち、この状態は5カ月後に弟が生まれるまで続きました。

サイモンは4・5キロで生まれ、4週目にはクーハンが使えなくなるほど成長していました。サラは、祖父母の家では大きなベッドで寝ることもありましたので、迷わずベビーベッドをサイモンに明け渡し、サラを大きなベッドに移すことに決めました。

サラは、最初の夜は、大きなベッドで寝ることに興奮して、いつもより寝かしつけに時間がかかりました。何度もベッドから抜け出して、もっと本を読んでくれとせがみました。21時45分にやっとママの腕の中で眠りましたが、24時には目を覚まして泣き叫びました。ママはサラの隣で横になり寝かしつけましたが、再び寝つくのに1時間かかりました。結局その後も二度目を覚まし、そのたびにほぼ1時間かけて寝かしつけなければいけませんでした。

　次の夜は、寝かしつけるのにさらに時間がかかり、結局寝ついたのは22時15分でした。そして、前の晩のように、夜は三度、目を覚ましました。次の週にはこのパターンが定着して、23時近くまで寝つくことができず、夜も2～3回ほど目を覚ますのが習慣になってしまいました。ママが絵本を読んだり、歌を歌ったりしないと寝つかず、寝かしつけに2時間かかることもありました。

　相談の電話を受けたときに、この問題は、サラを大きなベッドに移したのが一番の理由だということにすぐに気付きました。サラを昔のベッドに戻して、サイモンを友人から借りることができたベビーベッドに寝かせるようにアドバイスしました。夜中に起きる回数はすぐに減って、たとえ目を覚ましても再び寝かしつけるのにあまり時間がかからなくなりました。しかし、就寝時間になかなか寝つかないのは変わらず続き、21時に寝かせようとしても、結局寝つくのは22～23時の間でした。原因は、赤ちゃんが授乳や抱っこで寝かしつけられるのに慣れるように、サラは読み聞かせや子守歌で寝かしつけられるのに慣れてしまっているせいでした。

　サラが大きなベッドに移り、寝るのを嫌がっていた時期は、就寝時間が遅いせいで疲れがたまって、余計に寝つきが悪くなっていました。そのせいで、読み聞かせや子守歌の時間がどんどん長くなっていったのです。就寝時間を3日おきに30分ずつ早めて、読み聞かせや子守歌には20分以上かけないようにアドバイスしました。遅めの就寝時間がかなり長い間習慣化していましたので、ママが寝室を出るときに40分ほど子守歌のCDを流しておくよう言いました。サラには、「お風呂に入ってくるからちょっと待っていてね。音楽が終わった頃に、またおやすみを言いに来るよ」と伝えて部屋を出るようにしました。サラに呼ばれたら、「お風呂に入るので、またあとでね」と言います。音楽が終わる頃には、サラはいつも眠りについていました。2週間以内には、音楽をかける時間は20分に減り、夜19時半から翌朝7時まで眠るようになっていました。毎朝サラには「お風呂のあとに部屋に行って、寝ているサラにキスをしたのよ」と伝えました。

昼間の睡眠時間を管理しましょう

2年目になると、スケジュールを自分なりに調整するのも楽になり、リラックスして進められるようになります。しかし、子どもが疲れすぎることがないように睡眠時間を管理することは、引き続き非常に重要です。疲れすぎは、睡眠トラブルに発展するため注意が必要です。

午前中のお昼寝の減らし方

1年目に「ジーナ式スケジュール」を使い、12〜18カ月になっても、夜19時から朝7時までぐっすり眠っている子は、午前中のお昼寝の時間が減ってくるはずです。9時〜9時30分の間にベッドに入っても、寝つくのにどんどん時間がかかるようになるか、すぐに眠っても10〜15

分もすると目を覚ましてしまいます。寝る時間があまりに短いため、公園やお店やアクティビティに行く途中にベビーカーの中で眠らせるママも多いと思います。月齢が18カ月に近く、10〜15分しか眠らなくなっている場合は、この時間に眠らなくても、ランチタイムのお昼寝の時間までぐずることなく起きていられるはずです。1歳になったばかりだと、この短いお昼寝なしではおそらく午後までもちませんので、もう少し続けることをおすすめします。

午前中のお昼寝が必要ないと判断するためのもう一つの兆候は、ランチタイムのお昼寝の時間が短くなっているときです。午前中のお昼寝時間が減る気配はまったくないのに、ランチタイムのお昼寝が短くなる子もいます。この状況を好むママたちも一定数います。子どもが寝ている午前中に、たくさんの家事をこなすことができるからです。問題は、午前中に長時間寝かせていると、のちのちお昼寝が1日1回になったときに、12〜19時までずっと起きていることになる点です。こうなると、夜には疲れ果てて、ベッドに入った途端に深い眠りに落ちて、その影響で翌朝は早く目を覚ますようになります。目を覚ますのが早いと、疲れるのも早く、お昼寝もさらに早くなってしまいます。次第にこの悪循環がパターン化して、午前6時前に目を覚ますようになります。

18カ月の時点で夜とランチタイムのお昼寝でよく眠り、さらに午前中も30〜40分寝ている場合は、数週間かけて10〜15分になるまで少しずつ減らすようにしてください。それ以外の睡眠時間に影響が出る可能性を排除することができます。10〜15分の睡眠時間でもご機嫌よくランチタイムまで起きていられるようになったら、午前中のお昼寝を卒業しても大丈夫なはずです。

お昼寝の回数をなかなか2回から1回に減らせない子どももいます。体内時計が調整されるまでは、ぐずりやすいこともあるかもしれません。2時間のお昼寝を1日1回に定着させる間、2週間ほど機嫌の悪い時期を我慢しなければいけないかもしれません。しかし、お昼寝を1日2回させているせいで、ランチタイムのお昼寝が45分程度で終わってしまい、午後はずっとご機嫌が悪くなるよりもましだというのが私の考えです。

朝早く目を覚ます

夜中に12時間ではなく11時間眠り、朝は7時よりもかなり前に目を覚ます場合は、午前9時前後にお昼寝をする必要があります。朝早く目を覚ますせいで、午前中のお昼寝を早く始める子どもは、通常ランチタイムのお昼寝も早く始まることになります。1歳を過ぎるともっと活発に動くようになるため、夕方ごろには疲れ始めて、19時よりも早く眠らせなければいけなくなることが多くなります。こうなると、さらに朝早く目を覚ます条件が整うことになりますので、朝何時に起きていても、3～4日おきに午前中のお昼寝の時間を5分ずつ遅らせていくことをおすすめします。

こうすることで、ランチタイムのお昼寝の時間も必然的に遅くなりますので、夕方に疲れすぎることなく、3～4日おきに就寝時間を5分ずつ遅らせていきます。これで朝起きる時間も遅くなるはずです。起床時間が遅くなったら、午前中のお昼寝の時間を10～15分に減らしていきましょう。1日の睡眠時間の合計を、平均より少しだけ少ない13時間半に抑えてください。

就寝準備をスムーズに

就寝準備は、穏やかに楽に運ぶ日もあれば、うまくいかず疲労困憊《こんぱい》の日もあると思います。状況が瞬時に悪化して、意思のぶつかり合いになることもありますので、悪い習慣が付いてしまう前に、しっかり問題に向き合うことが非常に重要です。就寝準備中に「親子げんか」が勃発してしまう一番の理由は、子どもが疲れすぎていたり、興奮しすぎたりしているせいです。押し問答を最小限に抑えるために、次のポイントを参考にしてください。

- たんぱく質を含むメインの食事はランチであげるようにすると、夕食はパスタやサンドイッチとスープなどの、準備が短時間ですむ簡単なものですますことができます。
- 1～2歳の間に必要なお昼寝の時間は、1日1時間半です。
- 午後は、子どもがそれまで遊んでいたおもちゃを片付けるまでは、次のおもちゃを出さないようにしてください。すべてのおもちゃ、または少なくともそのうちのいくつかは、子どもに片付けさせましょう。
- 夕方17時ちょうどにいすに座らせて食事をさせましょう。17時45分にはお風呂に連れて行き、時間の余裕をもって就寝準備を行ってください。

Q **16カ月の息子は、就寝前の読み聞かせが大好きで、以前は30分はいい子で聞いていることができましたが、今は5〜10分でじっとしていられなくなります。大きくなるにつれて、集中できる時間が短くなっているようです。入浴のあとは元気いっぱいで、走り回って大声で叫び、部屋中におもちゃを散らかしています。落ち着かせて本に興味をもたせようとすればするほど嫌がって、就寝時間がいつもの夜19時30分から20時近くになっています。**

A この年齢の子どもは、エネルギーがあり余っていて、なかなか集中することはできません。就寝準備をスムーズに進めるには、日中子どもの心と体にバランスよく刺激を与えるのが不可欠です。午前の早い時間に新鮮な空気を吸って十分体を動かすと、夕方以降に余分なエネルギーをため込まずにすみます。お風呂場で服を脱いだり、汚れた服を洗濯かごに入れたりするのを子どもにやらせると、大事なことが自分でできるようになるだけでなく、体力を消費させることができます。

私の経験上、この年齢の子どもは、就寝準備に時間をかけすぎると、眠気が飛んでしまうことが多いため、読み聞かせは10〜15分で切り上げてください。また、子どもの気が散る可能性のあるものはすべて片付けておきましょう。

手の届く場所におもちゃがあると気が散る原因となることが多いので、寝室に置くおもちゃの数は制限して、はしゃぎ始める原因になりそうなものは、別の部屋に移してください。この時期は、シンプルなストーリーの絵本を用意して、ページをめくらせたり、登場人物を指させたり、簡単な言葉をリピートさせて、一緒にお話を楽しみましょう。

また、日中の睡眠時間を細かくチェックしてください。いまだにお昼寝を2回している場合は、1回に減らす時期がきているかもしれません。午後14時30分以降にお昼寝をさせていると、就寝時の寝かしつけがうまくいかないこともありますので、お昼寝の時間を修正して午後14時30分には目を覚ましているようにしましょう。

就寝時間が遅くなったら

就寝時間が遅くても、うまく寝ついていた子どもが、18カ月から2歳になると、急にやんちゃを言って寝なくなることがあります。お昼寝の回数が1回になって、日中のお出かけが増える時期に多いようです。疲れ果てて、眠いのに何時間も寝つけない状態に陥ります。すでに遅れ気味だった20時30分や21時の就寝時間が、突然23時過ぎになることもあります。こうなってしまったら、疲れすぎることがないように、必ず就寝時間を早めるようにしてください。疲れすぎが唯一の原因であれば、最終手段としてねんねトレーニングをすることなく、就寝時間を早めることができるはずです。

寝つきが悪くなる原因となる疲れすぎを防いで、就寝時間を早めるための方法を次に示しましたので参考にしてください。

●日中は子どもにたっぷり新鮮な空気を吸わせて運動させるようにしましょう。疲れて、夜早く寝つくようになります。

●夕食後から入浴が終わるまでの時間は、騒がしく興奮しすぎるような遊びは避けてください。

●入浴の前はビデオを見せないようにしましょう。お風呂を出たあと、寝る前にビデオを見るのをご褒美として、就寝準備をさせることができます。

●「飲み物を飲む↓読み聞かせやビデオ↓歯磨き」を一連の流れとして行うための時間を十分とれるように、これまでの時間より30分早く就寝準備を開始してください。入浴のあとは電気を暗くしてください。

●前述の一連の流れを定着させるのに3日ほどかけてください。その後、3日おきに10分ずつ就寝時間を早めていきます。

●19時30分まで就寝時間が早まっても、入浴後の一連の流れはそのまま続けてください。もう一度目がさえて元気になってしまうことがありますので、決して30分以上かけないようにしましょう。

●すべての就寝準備が終わってもまだ眠くならない子どもは、童謡や読み聞かせのCDを聴かせてください。ひとりで寝つく方法を身に付けるのに非常に役に立ちます。

●ベッドには目を覚ました状態で連れて行くようにしましょう。赤ちゃんを授乳や抱っこで寝かしつけてはいけないように、トドラーも読み聞かせや抱っこで寝かしつけていると、同様の問題が起こります。

以上のアドバイスをすべて実行しても、まだ19時~19時30分には寝つけない子どもは、ねんねトレーニングを行う必要があるかもしれません。

２歳になる頃には、歩くのも安定し、走ったり、登ったり、ジャンプしたりと、動きも活発になってきます。単語を上手につなげて、してほしいことをうまく伝えることができるようになりますので、精神的にフラストレーションがたまることも減ってきます。しかしこの時期は、また新たなチャレンジが待ち受けています。他の子どもたちと友情関係を築いたり、おもちゃの貸し借りを学んだり、保育園が始まって、集団の中で先生の指示を聞けるようにならなければなりません。

マナーを学んで、他の人の意見を尊重し、自分のしたことに責任をもって、トイレトレーニングでおしっこやウンチも自分でできるようにならなければなりません。子どもの自尊心を尊重することで、それらのチャレンジに立ち向かうための自信へとつなげることができます。この成長段階では、親が子どもの代わりに考えるのではなく、子どもが自分で考える力を身に付けさせることが重要です。

自己肯定感と自信を育みましょう

交通量の多い道や急な階段など、気を付けなければいけないことを教える必要はありますが、過保護になりすぎて、子どもが自然にもつ探究心や、新しいことを試す勇気を損なわないようにしなければいけません。

公園に行くと、滑り台に並んでいる子どもたちを見かけると思います。階段を上って、喜びの声を上げながら、順番に滑り降りてきます。しかしどの列にも、慎重にゆっくり階段を上り、親が見守っているかどうかを確認するために、心配そうに何度も振り返っているナーバスな子どもがいます。

何かをしようとするときに常に気を付けるように言われていると、違うことに挑戦したり、新しいスキルを身に付けたりするための自信ややる気を奪うことになりかねません。

子どもが言ったことややったことをなんでも訂正していると、しばしば子どもの自尊心を傷付けることになります。何事にも成功してほしいという気持ちが強すぎて、動物のフィギュアを完璧に並べ直したり、ぬり絵の端っこの部分をきれいに塗り直したり、子どもが質問されているのに、代わりに文章を補って答えたりする親がいます。完璧さを求めていると、自分でなんでも試してみるという生まれもった能力をダメにしてしまいます。批判や間違いを恐れて心配になり、いろいろなことを試してみることができなくなってしまうのです。
子どもの自己肯定感や自信を育むために、次のアドバイスを参考にしてください。

●さまざまなチャレンジに直面する子どもを、どのように親がサポートするかが成功のカギです。高所恐怖症になるのではないか、犬が怖くなるのではないかなど、子どもが自分たちのようになるのではないかと心配している親の話をよく耳にします。子どもはみんな別人格であって、長所も短所もあなたと同じになると考えてはいけません。

●2歳から3歳になると、ひとりの人間として人格を形成し始め、意見をもち始めます。質問をされたら、子どもが自分で考えて答えるのを待ちましょう。

●2歳を過ぎると、ボタンとファスナー以外の洋服の脱ぎ着や食事は、自分でできるようになります。早く終わらせるために親がやっていると、自立心を養うことができません。自分で終えるまで辛抱強く待ち、サポートができるように、食事や身支度が必要な朝や夜は、時間に余裕をもって行動しましょう。

●新しいスキルを教える場合は、疲れていたりお腹がすいていたりする時間は避けてください。一緒に始める前に、まずやり方を何度か子どもに見せてください。自分でやろうとしたら、上手にできなくても頑張ったことを褒めるのが重要です。

●2番目は上の子のまねをするためか、いろいろなことが早くできるようになる子どもが多いようです。ひとりっ子は公園や遊びの場で年上の子と交わる機会を設けると、たくさんのことを学びます。

●他の子と比べて、我が子の努力を過小評価しないようにしましょう。新しいことができるようになるのに必要な時間は子どもによって違います。重要なのは、楽しんで学ぶことであって、どれくらい時間がかかったかではありません。子どもの成長に関して心配事があるときは、不必要に悩まず、専門家に相談しましょう。

●新しいことを学ぶには、たくさんの集中力を要しますので、子どもはフラストレーションや憤りを感じることもあります。難しいゲームやパズルだと、何度かやり方を教えてもなかなかできないときもありますが、手を貸したり、代わりにやったりするのはなるべく控えてください。それよりも、飲み物やおやつをあげて、小休止するように働きかけましょう。気持ちが落ち着きリラックスすると、どうやればうまくいくのかといったアドバイスも聞けるようになります。

生後3年目は、子どもの自己肯定感を育み、自信をもたせようと頑張る親が多いと思います。しかし、自分でできることが増えると、時に子どもが自信を付けすぎて、言うことをきかなくなることもあります。子どもの自信を育みながら、守らなければいけないルールがあるということを、バランスよく教えていく必要があります。

恐怖心

1歳を過ぎると、自分を取り巻く環境にも目が向いて、自分が常に世界の中心にいるわけではないことに気付いて不安になることがあります。新しい経験を理解しようとしても、常につじつまが合うわけではないため、複雑な行動をとることもあります。子どもは手本を見て物事を学んでいきますので、さまざまなことに対する親の反応に対して非常に敏感です。ママが猫や犬を怖がったり、パパが歯医者に行くのや高いところに上るのを嫌がっている様子を見ると、同じものを怖がるようになることがあります。

また、親が高圧的な態度や、厳しい口調で子どもを叱っていると、子どもに恐怖心を植え付けてしまいます。失敗したり、ひどく叱られたりするのが怖くて、新しいことに挑戦するときに、不安になったり緊張したりするようになります。子どもが前向きな姿勢で挑戦できるように、楽しい環境で背中を押すことが重要です。その状況の中でベストを尽くすように応援していれば、子どもの自信は開花します。

この年頃の子どもがもっとも恐怖心を感じることの一つは、親と離れることです。1歳から2歳の間は、親やいつも一緒にいる面倒を見てくれる大人と離れることになると、子どもは非常に不安になります。一度離れても必ず帰ってくるという経験を経て、子どもも状況をのみ込むことができるようになります。親と引き離されたり、ひとり残されたりするという恐怖心は、知らない人を怪しむ感覚とセットになっています。どちらも自然な反応で、こまやかな対応が必要です。頼りにしている人は、いつも必ず帰ってくると理解できれば、この不安は自然と解消されていきます。しかし、それには、出かけても、必ず帰ってくるということを子どもに説明しなければいけません。「さようなら」を言わずにその場を離れてしまうと、いついなくなったかわからないため、不安が強くなります。

保育園などに子どもを預ける場合は、毎回同じ方法でお別れすると安心させることができます。この年頃の子どもは簡単に気をそらすことができますので、適切な場に預けられていれば、すぐに新しい環境に順応していきます。きちんとお別れの挨拶をして、抱っことキスをしたらすぐに立ち去るようにしたほうが、子どももその状況を受け入れやすくなります。大騒ぎすればママが行くのを遅らせてくれると思わせてはいけません。子どもは親の不安をすぐに感じ取ります。子どもが示している不満に対してある程度対処しながら、時間をかけずにお別れをしなければいけません。

そのほか、お風呂やトイレを流したときの水に対して恐怖心をもつ子どももいます。暗いところや、大きな動物、モンスター、お化けを怖がることも多く、空想上のものも、この年齢の子どもにとっては現実のものに感じられるため、慎重に対処しなければいけません。2歳未満の子どもにはテレビを見せてはいけないと主張する研究もあります。継続的にテレビの刺激を受けている子どもは、よりテンポが穏やかな現実の世界で集中するのが難しくなるためです。まったく害がないような番組すら、時に有害なシーンが登場し、子どもを不安にさせることがあるというのが私の意見です。根拠なく何かを怖がる場合は、子どもが落ち着いたときに、そのことについて優しく語りかけて不安を取り除いてあげましょう。暗い部屋や押し入れを怖がらなくてもいいということを伝えて理解させてください。また、不適切な番組やゲームの悪影響から守ってください。

警察官や医者、病院や歯医者など、特定の人や場所に対して恐怖心を抱くようになる子もいます。そんなときは、ごっこ遊びをして恐怖心を克服するのが効果的です。美容院やお医者さんごっこのおもちゃを買って、どんなことをするのか予習しておきます。歯医者さんに行ったり、泳ぎを習ったりするシーンがある楽しいお話を選んで読み聞かせをするといいでしょう。この年齢の子どもは、前知識を入れておくと非常に効果があります。何をするかがわかっていれば、いつもとは違う状況でも、恐怖心よりも好奇心が勝るようになります。

親は、自分が何か苦手なものがあっても、子どもには見せないようにしましょう。クモや鳥などを怖がっていると、自然と子どもがまねをするようになるからです。幼児期に入ると、新しい状況を見極めて、受け入れ、適応する能力が育ちます。親は子どもの人生の案内人です。家庭の中と外のあらゆる状況で、子どもは常に自分の周りにいる人の様子を観察し、お手本にしています。

時間の概念を理解させるには

3歳未満の子どもは時間の概念を理解することはなかなかできません。未来の予定がいつ起きるかを理解させるには、絵の描かれたカレンダーが役に立ちます。非常にシンプルなもので構いません。曜日が書かれ、午前と午後に分かれたものがいいでしょう。それぞれの時間に、その後の1週間の予定を絵で描き込んでください。

子どもが大好きなものをカレンダーに描き込むと、より興味を示してくれます。絵を描くのが苦手でも構いません。この年齢の子が気にすることは滅多にありません。

幼児期の教育を始めるために

2〜3歳になると、幼稚園や保育園について考え始める頃だと思います。幼児期の教育を決めるときは、子どものニーズと園のカリキュラムが合っているかどうかを確かめるために、いくつか選んで見学に行くようにしましょう。園のしつけがどれくらい厳格か、また、クラス通信や先生との面談が定期的にあるかを詳しく聞いてください。

そして、子どもが幼稚園や保育園に行く準備が心身ともにできているかを必ず確認しましょう。短時間でも、定期的に誰かに預けられることに慣れている子どもは、親だけが面倒を見てきた子どもよりも、早く順応することが多いようです。幼稚園や保育園が始まる数カ月前から、家族か仲のいい友人に子どもを短時間預けるようにしてみましょう。最終的に3〜4時間離れていても大丈夫になるまで、少しずつ預ける時間を延ばしていきます。

過保護に育てられた子どもは、園の時間割やルールになじむのに時間がかかることが多いようです。常に甘えて、簡単な頼まれごとでも嫌がってしない場合は、まず自己肯定感や自信をもたせることに集中してください。また、ルールや約束事をしっかり決めて、それをきちんと守るとはどんなことかを理解させなければいけません。幼稚園やプレイグループ（訳注：親たちが集まってさまざまなアクティビティを行うグループ）を始めるのは、子どもにとって大変大きな一歩です。登園日の前に数週間の準備期間を設ければ、園になじむのも早くなります。

初登園の1日が楽しいものになるように、次のアドバイスを参考にしてください。

●3歳の子どももまだ時間の概念は身に付いていませんので、あまり早い段階で幼稚園や保育園について話をするのは避けましょう。登園の日が近づいたら、幼稚園や保育園はどんなところかが書かれた絵本をいくつか用意して一緒に読んでください。

●同じ幼稚園や保育園にすでに通っているか、通うことになっている子どもたちと、定期的に遊ぶ機会を作りましょう。知り合いが周りにいない場合は、先生や保育士に入園予定の子どもを紹介してもらいましょう。

●初登園日は、非常に感傷的になる親もいます。子どもと別れるときに、親の不安な気持ちを悟られないようにしましょう。最初の数日は知り合いのママと一緒の時間に子どもを登園させると、お別れの時間も少し楽になります。最初の1週間は、子どもと一緒に短時間園に残るようにすすめられることもあります。これがうまくいく子どもも、そうでない子どももいますので、先生に前もって相談しておきましょう。

●週に1～2日から始めて、少しずつ登園日を増やしたほうが「登園疲れ」をしないことが多いようです。午後のお昼寝を卒業しているせいで、夕方に疲れがピークに達している子どもは、登園日だけ短めのお昼寝を再開する必要が出てくるかもしれません。

●トイレトレーニングが終了していて、着替えや食事も自分でできる子どもは、自立心や自信が備わっているため、ママの手伝いが必要な子どもに比べて、幼稚園や保育園にも早く慣れるでしょう。

●最初の1学期は、子どもも心身ともに疲れきっているはずです。登園疲れで夜になるとクタクタになることがないように、就寝準備をいつもより少し早めに始めてください。まだ午後にお昼寝をしている2～3歳の子どもは、19時30分までにはベッドに入っていなければいけません。午後のお昼寝を卒業している子どもは、19時までにはベッドに連れて行きましょう。この時間に疲れすぎていると、就寝準備中に子どもが言うことをきかなかったり、夜中に目を覚ましたりする原因になりますので、気を付けてください。

●帰宅後は、幼稚園や保育園でどんなことをして、何が一番楽しかったかを必ず話し合いましょう。新しいことに挑戦したときは、とても偉かったと伝えてください。あまり好きではないカリキュラムがあると感じたときは、楽しく参加できるように家でどんなサポートができるか、先生に相談してみましょう。

2歳を過ぎても、ママと離れるときにとても不安になってしまう子もいます。ここまでのアドバイスを参考にして、心身ともに保育園や幼稚園を始める準備が整っていれば、大きな問題に発展することはないはずです。

しつけについて

「言うことをきかせる」「しつけ」といった単語を聞くと、厳しい親をイメージすると思います。1～2歳の子どもは、正しいことと悪いことの違いを本当の意味で理解することはできませんので、目をつぶらなければいけないこともあります。ただ2歳を過ぎた頃には、ある程度言うことをきけるはずだと期待する親が増えてきます。しかし、子どもはなかなか言う通りには動きません。「おもちゃを片付ける」「お風呂に入る」「服を脱ぐ」といった簡単で当たり前のことも完全に拒否されて、親子間で意思のぶつかり合いが勃発し、結果、子どもは言うことをきけない悪い子だと叱られ、泣いて終わることになります。

ジェーン・ネルソンは、「悪さをする子は、否定されて育っている子だ。その行いの裏に隠されたメッセージに思いを寄せて、悪い行いをポジティブな行いへと方向転換するほうがうまくいく。悪さをする子は、自分が大事な人間だと思えず、どこかに属しているという意識がないため、それを間違った方法で模索しているだけなのだ」と言っています。

また、やんちゃな子どもをサポートするための一番の方法は、励まし勇気付けることであり、親からの否定的な態度がなくなれば、悪いことをしたくなる理由もなくなると提言しています。アドラー心理学を主唱したルドルフ・ドライカースの「子どもは見たものをそのまま受け取ることはできるが、それを解釈することはできない」という言葉を引用し、「何が本当であるかではなく、子どもが何が本当であると信じているかによって、子どもの振るまいが決まる」と説明しています。

私は、子どもが言うことをきかなかったり、悪いことをしたりするのは、親が紛らわしいサインを送っているせいだと思います。やんちゃな振る舞いを改善するためのアドバイスを次に記しましたので参考にしてください。

●ドライカースは、「植物に水が必要なように、子どもには励ましが必要であり、それなしでは生きていくことができない」と訴え、親が子育てする上で学ぶべき大事なことは、子どもを励まし勇気づけるスキルだと主張しています。子どもの悪いところに言及するのではなく、いいところを褒めることでネガティブな感情を排除し、ポジティブな面を強調しましょう。子どもがいいことをしたときに、ママがどれほどうれしいかを伝え、過去のやんちゃな行いではなく、いいことをしたときのことを思い出させて、ポジティブな感情を引き出しましょう。

●祖父母がプレゼントやご褒美で孫を甘やかすのは構いませんが、振る舞いやお行儀といった点では、ママやパパが決めたルールを守ってもらわなければいけません。そうでなければ、子どもが混乱して家族内で衝突が起きるだけです。自己肯定感が高く、マナーのいい子どもに育てるには、常にピリピリしたけんかの多い環境ではなく、きちんとルールの決まった落ち着いた家庭環境でなければいけません。

●毎日同じ流れで就寝準備を行って、同じ時間にベッドに向かえば、子どもがやんちゃを言って嫌がることも少ないはずです。3歳未満の子どもは、ルールや制限に一貫性がないと混乱することが多く、その結果やんちゃが出てしまいます。毎日決まった時間に食事をして、就寝時間に遅れが出ないように気を付けましょう。たとえば、お客様が来たり、パパが家にいるために、食事の時間を変えたり、ベッドに行く時間が遅くなったりすると、3歳未満の子どもは混乱してしまいます。

●あなたが決めたルールや決まりごとが、子どもの年齢に合っているか、また数は多すぎないかを確認しましょう。要所要所でルールを守らせることは大切ですが（就寝準備中や着替えのとき、道路できちんと手をつなぐなど）、長時間静かに座っていることを強要するようなルールは作らないようにしましょう。3歳未満の子どもを、長々と続く大人同士のランチに付き合わせるのは無理があります。同様に、この年齢の子どもは自分のおもちゃや服を片付けるのを手伝うことはできますが、常に自発的にやるようになるには小さすぎます。

●公共の場で悪いことをしても叱られないと気付くと、他の場で同じことをしても叱られないということをあっという間に学びます。お店やレストランや友人宅でやんちゃが出た場合は、どんなにバツが悪くても、家に帰ってからではなくその場で注意しなければいけません。

●最初にあなたが言ったことをきちんと聞いて理解しているかを確認しましょう。あと5分で食事だと部屋の反対側から叫んで、5分後に「さっきから呼んでいるのにゲームに夢中でなかなか来ない」と子どもに腹を立てていませんか？

まずは何分間かゲームを中断させてください。そして、あなたの顔の表情が見えて、何を言っているかがはっきりわかるように、子どもの目線まで下りてください。そして、ママが5分後に何をしてほしいのかを子どもに繰り返させましょう。タイマーをセットしておくと、合図になります。表を準備して、約束が守れたときにご褒美シールをあげるのも効果があります。

●2歳を過ぎても、常にベビーカーや車で移動しているせいで、外の新鮮な空気を吸いながら体を十分に動かしていない子どもは、家に帰ると騒々しく動き回ってやんちゃを言うことがあります。毎日新鮮な空気を吸って走り回る時間は、子どもの心身の健康にとって非常に有益です。

1～2歳の子どもが「言うことをきかない」理由は、欲求不満か善悪の判断がつかない場合がほとんどですので、罰を与えるというのは見当違いです。しかし、2歳を過ぎると、子どもも何をするべきか、何がよくて何がダメなのかをどんどん理解し始めます。

子どもの自尊心、自立心を育むと同時に、ルールを守らせることができる、バランス感覚に優れた親であれば、子どもを罰しなければいけないような状況にはほとんどなりません。しかし、万が一行いが悪かったときにどのように対処していくかを、パパとママが前もって相談して決めておくことが重要です。

Q

22カ月の息子は、私と夫の両家族にとって唯一の孫で、4人のじいじ、ばあばに大変可愛がられています。しかし、だんだんやんちゃがひどくなり、欲しいものが手に入らないとすぐに癇《かん》癪《しゃく》を爆発させるようになってしまいました。

私も夫も、甘いお菓子やテレビは制限していて、甘やかすことはありませんが、祖父母はなんでも欲しいものを与えて、子どもにやりたい放題させています。「やんちゃが出るのは普通のことで、どの子もこういう時期がある。好きなようにさせてあげないのはかわいそうだ」と言うのです。今では、祖父母が遊びに来るのが心配です。いつもたっぷりお菓子や新しいおもちゃを持って訪ねてくるからです。2人が帰る頃には、ジャンクフードを食べて、テンションの上がった息子を寝かしつけるのに大変苦労しています。

A

子どもは、自分の言うことをきいてくれそうな人を見分けるのに非常に長《た》けています。時間をかけて積み上げた子育ての習慣が、甘い祖父母のせいでなし崩しになるのを見るのは、ストレス以外の何物でもありません。このようなジレンマに陥ったときは、祖父母と話し合うようにすすめています。子どもが寝ているか、夢中になって遊んでいる時間を選んで、リラックスしたムードで行ってください。批判しているととられないように、話し合いは義理の母と2人きりで行わず、必ずパパと義父にも同席してもらいましょう。

まずは、経済的なサポートや孫の面倒を喜んで見てくれていることへの感謝の気持ちを伝えることからスタートしてください。その後、5人に1人の子どもに重度の虫歯があり、近年は砂糖を与えすぎてはいけないことになっているため、お菓子を食べさせるのをやめてもらえるとありがたいと説明します。お菓子を食べるせいで、栄養価の高い食事を食べなくなるという悪影響がある上、添加物のせいでやんちゃが出やすくなっている気がすると伝えましょう。孫のことは存分に可愛がってもらいたいと思っている、しかしそれはお菓子ではなく、一緒に絵本を読んだり、楽しく遊んでもらうことでしてほしいと伝えます。

気持ちが正しく伝われば、ほとんどの祖父母は理解してくれます。子どもはプレゼントを楽しみにしているけれど、何をもらえるかよりも、じいじやばあばに会えること自体がうれしいと思うようになってほしいと説明しましょう。多少気分を害する祖父母もいるかもしれませんが、それがあなたの子育て法であり、やんちゃを言うのは悪いことだと学ぶほうがその子のためになるということを、いずれわかってくれるはずです。

罰を与える

わかっているのにわざと言うことをきかないときなど、それに合った罰を考えなければいけないときがあります。どこまでが許容範囲か、そしてどのような罰則が適当だと考えているかなど、親同士の意見が一致していないと、子どもにも何がよくて何が悪いのかが伝わりづらくなります。私の経験上、そのような家庭で育った子どもは、甘やかされて、大人をコントロールしようとするようになる傾向があります。

2歳を過ぎると、親から自立するための最初のステップとして、子どもは保育園や幼稚園に通い始めます。家で親の言うことをきけない子どもは、園に慣れて他の大人の指示をきくようになるにも時間がかかります。どんな子どもも、親を試したくてわざと悪い子どもになるときがあります。そのようなときは、なんらかの罰が必要になるかもしれません。

●体罰の効果

20年前は、言うことをきかない子どものお尻をパンッと叩くのは、極めて普通のことだと考えられていました。近年は、悪いことをしたときに叩いて叱ることが効果的な対処法かどうかは、専門家や親の間でも意見が分かれています。多くの児童心理学者は、子どもを叩いて叱っていると、コントロールが利かない状況になったときは暴力で対処すればいいと子どもが考えるようになると主張しています。

子どもを叩くのは、オーストリア、フィンランド、デンマーク、ドイツ、ノルウェー、スウェーデンといった国ですでに違法であるため、罰として受け入れられるべき形なのかと疑問に思う親もいることでしょう（訳注：日本も違法）。イギリス政府は、「一般的な家庭内の事情」に過干渉するべきではないというスタンスで、親が子どもを叩くことを禁止するべきだという主張は退けてきました。

私の経験上、最終的に子どもを叩いて叱っている親たちは、自制心を失って感情が爆発した結果そうなっている場合がほとんどです。体罰を全面的に否定していた私のクライアントは、4歳の息子が18カ月の妹をわざと公園の池に突き落としたときに、ひどい叩き方で叱っていました。別のママは、3歳の娘が交通量の多い道に急に飛び出して、車が何台も急ブレーキをかけて止まることになったときに、同様の叱り方をしていました。

両方の状況で、なぜ母親が子どもを叩くことになったのかは理解できます。クリストファー・グリーンが「叩かれることで小さなトラウマが残ることになっても、大けがをせず、子どもが生きて健康な生活を送れるのであれば、それは小さな代償だ」と言っているのも納得できます。彼は、高層住宅のバルコニーによじ登るのはいけないことだと頭に刻みつけるには、地上50メートルの高さから真っ逆さまに落ちればひどいけがを負うことになると理論的に諭《さと》すよりも、叩いたほうが効果があると言っています。

日常的に子どもを叩いていたクライアントはほんのわずかでしたが、私は体罰はほとんど効果がなく、かえって子どもの振る舞いが攻撃的になるだけだと思います。叩くよりももっと効果的にいけないことを教える方法があります。どんな罰にするかを決めるときには、その悪い行いにリンクしたものを選ぶことが重要です。

たとえば、食べ物を床に投げつけたり、壁に落書きをしたりしたときは、「タイムアウト」（訳

注：子どもを別の場所に移動させて、そこで一定時間、立たせたり座らせたりして落ち着かせる方法）ではなく、汚したものを片付けさせるようにしましょう。また、癇癪を起こしておもちゃを投げつけた場合は、そのおもちゃを短期間取り上げます。ここで重要なのは、このまま悪い行いを続けると罰があると、まずは警告を与えることです。毅然とした態度で注意をすると、罰を与えるまでの状況に発展しないことが多いはずです。

●口頭で注意をする

注意をするときは、子どもがあなたの言うことを真剣にきいていることを確認してください。走って逃げようとしたら、つかまえていすに座らせて、手を握りながら、何がいけないかを説明してください。3歳未満の子どもには、わかりやすく簡潔に説明しましょう。なぜそのことをしてはいけないかを長々と説明してもくどいだけです。危険な行為の場合は、なぜそれをしてはいけないのかをきちんと説明する必要があります。しかし家具に飛び移ったり、本や服を床に投げつけたりといったちょっとしたやんちゃであれば、「ママはそんなことはしないよ。パパもしないよ。だからトミーもしてはダメよ」と軽く注意するほうがいいこともあります。「トミーは悪い子ね。そんなことしちゃダメでしょ」といった言い方はしてはいけません。

口頭の注意で効果が出るかどうかは、あなたの声色や顔つきで決まります。間違ったことをしている子に、毅然とした口調ではなく、お願いするように話しかけていては、効きめはほとんどないに等しいでしょう。声を張り上げる必要はありませんが、少しだけ大きめに。口調と目つきを通じて、どれほど残念かを伝えてください。悪いことをすると罰があるということを子どもが学ばなければいけません。警告が意味のない脅しになってしまわないように気を付けましょう。

いつも脅し文句を聞いていると、子どもはすぐに親が罰を与える気がないことを学んで、もっと言うことをきかなくなります。きちんと注意をしてもまだ行いが変わらないときは、それに合った罰をすぐに与えてください。3歳未満の子どもは時間の感覚がないため、何時間も前にやったことに罰を与えても混乱するだけです。罰がすんだら、そのことはもう話さないようにしましょう。過去にした悪さの話をいつもして、「やんちゃな子」「いじわる」「不器用」「ばか」といった言葉を使っていると、行いは改善するどころか、ネガティブな感情が生まれて、もっと反抗的になります。

言葉で叱っても望むような効果がないときは、次の二つの方法から効果があるほうを選んで使ってください。「タイムアウト」か「没収」です。どちらの方法がいいかは、子どもの年齢とやんちゃの理由によります。

●タイムアウト

私の経験上、子どもが悪いことをしたときは、「タイムアウト」が一番効果的な対処法でした。

3歳未満の子は、いつも活発に動き回り、ひとりになることはありません。ですので、コントロールの利かない子どもを落ち着かせるのに一番手っ取り早い方法は、短時間ひとりにさせることなのです。ルールを守らないとどんなことになるか、そして自分がしたことには責任をもたなければいけないということを教えることができます。

どこでタイムアウトをすべきかは、育児の専門家の間でも見解が分かれています。寝室を使うと、子どもが罰と寝室をつなげて考えるようになり、結果的に睡眠障害を引き起こすことになりかねないため、多くの専門家が反対しています。寝室の代わりに、階段に座らせたり、部屋の隅に立たせたりするのが推奨されることが多いようですが、私の経験では、これらの場所ではなかなかうまくいきません。

リチャード・フェーバーは、寝室がベストだと主張していますが、私もその意見に賛成です。彼は著書『Solve Your Child's Sleep Problems』（子どもの睡眠障害を治すには、２０１３年、未邦訳）で、「寝室を使うことで子どもが眠るのを嫌がるようになるならば、浴室を使えばお風呂に入るのを嫌がり、ダイニングであれば食べるのを嫌がり、居間であれば座るのを嫌がり、キッチンであれば洗い物のお手伝いをするのを嫌がるようになることになる。私であれば寝室を選ぶ。音が漏れることもなく、その他の場所から離れているため、お互いに落ち着くための空間的、精神的余裕が生まれるからだ」と指摘しています。

警告を無視してやんちゃを続ける場合は、状況がコントロールできなくなる前に、即刻寝室に連れて行きましょう。タイムアウトをすると決めたら、冷静にその場ですぐ行ってください。子どもが嫌がって叫んだら、必要であれば、抱きかかえて連れて行きましょう。部屋に連れて行くのが早ければ早いほど、落ち着くのも早く、あなたもカッとなって叫んだり、口うるさく文句を言ったり、言い合いに発展したりということがなくなります。激しく騒いで言うことをきかない子どもを論理的に諭そうとすると、親もそのような状態になりがちです。

タイムアウトの目的は、子どもが落ち着くための場を作り、ほかの人と一緒にいるほうがどれほど楽しいか、そして人といるときに悪い行いをするのは許されないことだということに気付かせることです。ひとりになって、落ち着いたらすぐに戻ってきてもいいと伝えましょう。

けれども子どもがひどく感情的になっているときに、長時間ひとりにしておいても効果はありません。大騒ぎして、部屋をめちゃくちゃにしたりするだけだからです。私はまず3～5分待って、落ち着きを取り戻さないようであれば、寝室に様子を見に行き、いい子にできたら部屋から出てもいいことをもう一度伝えます。ほとんどの場合、「うん、できる」と答えると思いますので、そうしたら部屋から出してあげましょう。しかし、再びやんちゃが出たら、また同じ手順を繰り返します。これを何度も何度も繰り返さなければいけない子もいます。ゆくゆくは警告を無視すると、必ず部屋に連れて行かれることを学びます。

●没収する

3歳になる頃には、子どもに与えられた「特権」を制限することで罰することができるようになります。この年齢の子どもは時間の感覚がはっきりしていませんので、何かを取り上げるのであれば、すぐ実行しなければいけません。朝にしたやんちゃのせいで、夕方テレビを見る時間を制限したり、午後公園に行くのを中止しても効果はありませんので、直後に対処しましょう。たとえば、わざとおもちゃを壊したり本を破ったり、テーブル一面に落書きをしたりした場合に、そのアイテムをその日一日没収します。同じように、ビスケットを食べながら走り回るのをやめない子は、すぐにビスケットを取り上げ、友達と遊んでいるときにひどいやんちゃが出た場合は、家に連れて帰ります。

まずは、このままやんちゃを続けたらどうなるかを、必ず警告してください。やんちゃが収まらず叱ってばかりになるときは、どうして子どもがそのような行動をとるのかを考え、罰し方を見直す必要があります。また、子どもの言動に関して何か不安な点がある場合は、専門家に相談してもいいでしょう。何か特別な理由があるかどうかを確かめることができるはずです。

ジェマ（2歳3カ月）の場合

ルシンダには、27カ月になるジェマと3カ月の息子・ジョージがいました。私に連絡をしてきた頃には、3人は極限の状態まできていました。ルシンダは2人の面倒をひとりで見ることに疲れ果て（夫は朝早く出かけて夜遅くまで帰ってきません）、すべてのことに悲観的になり、医者から抗うつ剤を処方されていました。私はジョージの授乳と睡眠のスケジュールをうまく軌道に乗せるために、1週間お世話をすることになりました。

私が着いた日の夜、ルシンダは彼女のジレンマをより詳しく話してくれました。ジョージはおっぱいを欲しがって一晩に3～4回も目を覚まし、日中はずっと機嫌が悪いこと。ジェマは夜起きることはないものの寝つきが悪く、22～23時まで起きているのも珍しくないこと。また、弟が生まれてからはランチタイムのお昼寝を拒否し、1日に何度も癇癪を起こすこと。

マタニティーナースとしての私の役割は、ジョージのスケジュールを軌道に乗せることでしたが、ルシンダを気の毒に思った私は、彼女に2人の子どものお世話から完全に離れて、次の日は1日休むように提言してみました。うつ状態になると実際よりも問題を深刻に受け取るようになるため、ルシンダには2人の面倒はきちんと見られるから大丈夫だと念を押しました。

次の日の朝、ジェマとジョージと私は、心配でたまらないルシンダが出かけるのを見送りました。天使のように可愛い2人と一緒に腰掛けて、「今日は楽しい一日になるよ。指を使って絵の具でお絵かきをしたり、ぬり絵をしたり、クッキーを焼いたり。公園でピクニックもしようね」と、盛りだくさんの予定を話し合いました。

夕方17時になる頃には、今朝ルシンダが出かけるときに、なぜあれほど心配していたかがよくわかりました。落ち着きはらって自信満々だった育児の専門家である私が、数時間後には打ちひしがれてボロボロの状態になっていたのです。楽しいはずの一日は、もともとはクリーム色だったのに、真っ赤な絵の具で汚れきったソファの上で終わりを迎えました。

ぬり絵の時間は、ジェマがジョージの口に緑色の大きなクレヨンを突っ込もうとした時点で終了。公園のピクニックでは、ジェマがなかなか取れないトレーニングマグのふたをなんとかこじ開け、リンゴジュースをジョージにかけてびしょ濡れにして終了。何度も攻撃しようとするジェマからジョージを守るために、常に彼を抱っこしていなければいけませんでした。いつもは、プレイジムの下で手足を動かして遊ばせているのに……。2人は日中に一瞬たりとも眠らず、就寝準備をしているときには、背中に2匹のチンパンジーの赤ちゃんを背負ってエベレストを登っているような気分でした。ジョージの授乳を軌道に乗せるという私の計画は見事に頓挫《とんざ》し、夜には飲みきらせることができなかった半分だけ空の哺乳びんが八つ以上並んでいました。

その夜、どんなにママが大変で落ち込んでいても、担当している赤ちゃんの兄や姉のお世話まで申し出るのはやめようと心に誓いました。その後は、ジョージの授乳と睡眠に集中し、1週間たつ頃には、スケジュールも軌道に乗り始めました。日中はご機嫌もよく、19時にはすんなり寝つき、23時の授乳がすんだら、その後は朝6時45分まで眠るようになりました。しかし、ルシンダがジェマの癇癪や食事や入浴で苦労しているのを見ると、私がいなくなったあとにジョージのスケジュールをこのまま続ける時間も気力もないのは明らかでした。

私の予感は的中します。私がいなくなって数日後には、ルシンダから連絡があり、ジョージが再び夜中目を覚ますようになったので、もう1週間来てほしいと頼まれました。しかし、ルシンダには戻っても意味がないことを伝えました。問題はジョージではないからです。私がお世話をした赤ちゃんの中でも、ジョージはかなり手のかからないほうでしたが、スケジュールをきちんと続けていくには、どんなに楽な赤ちゃんでもそれなりの時間と手間をかけなければいけません。ルシンダの場合はそれが不可能でした。ジェマにあまりに手がかかるため、ジョージにかけられる時間がほとんどないのです。

ルシンダはシクシク泣き始め、あまりに取り乱しているので、私はジェマの問題にまず取り組むという条件で、もう1週間だけ行くことに同意しました。

その夜、どうやってジェマの行いを改善することができるのかを、パパも含めた3人で話し合いました。先週のジェマの様子を見て、言うことをきかないとき（とくに食事中と就寝時）の対処法に一貫性がないことが問題の一番の理由だと感じました。私は両親に、ジェマの極端な反抗心の原因を特定し、状況を改善するために何をするべきかを次のように示しました。

就寝時間

●ジェマが日中これほど言うことをきかないのは、就寝時間が非常に遅いのが一番大きな理由だと思います。ジェマの年齢の子どもは、夜の睡眠時間が10時間を切ると、攻撃的になりやんちゃになることが多いとする研究もあります。私は、56〜58ページのスケジュールを使って、就寝時間を少しずつ早めるようにアドバイスしました。2週間かけて就寝時間を徐々に早めて、最終的には19時30分に寝つくようになりました。

●就寝前のルーティンが定着していないのが、ジェマが寝るのを嫌がり就寝時間が遅れている最大の理由でした。両親がそれぞれのやり方で寝かしつけていたからです。週に数日は、ジェマのパパが仕事を早めに切り上げてジェマの寝かしつけを担当していましたが、ルシンダの意に反して、ジェマとゲームをして遊んで大騒ぎしていたのです。入浴の時間がきても、ジェマは興奮しきっているため、パパは別のゲームを考案してなんとかお風呂場に連れて行かなければいけませんでした。パパは飛行機になりきって、ジェマを肩車して家の中を走り回り、その流れでお風呂場まで連れて行っていました。入浴の時間もゲームを楽しんで、この流れがパジャマに着替えるまで続きました。ジェマは自分で着替えることもできますが、あまりに興奮しているせいで、結局パパが着替えさせていました。

このペースでは就寝準備を終わらせるのに非常に時間がかかるため、ジェマが20時30分にベッドについていることはほとんどありませんでした。興奮してなかなか寝つくことができず、もっと本を読んでほしい、もっと牛乳が飲みたい、最後にもう一度抱っこしてほしい、と要求が止まらず、そこからさらに2時間寝つかないことも珍しくありませんでした。

ルシンダひとりの夜は、ジョージの面倒も見なければいけないため、夕食後にジェマと走り回ったり、肩車をしてお風呂場に連れて行くことは不可能です。パパがいる夜と同じことをしてもらえると期待しているジェマは、言うことをきいてもらえるまで泣き叫び癇癪を爆発させて、結果的に寝つくのを激しく拒否して終わります。ルシンダは2人の子どもの面倒でストレスがピークに達し、泣き始めてしまうのです。


私は、どちらが寝かしつけを担当しても、毎晩必ず守らなければいけない約束事をリストにして渡しました。

●夕食後は、ジェマが興奮しないように大騒ぎするゲームや遊びはしないこと。夕食と入浴の間の15分間は、パパかママ、もしくは両方が、ジェマがおもちゃを片付けるのを手伝って、毎晩の習慣にすること。ジェマがやる気を起こすように、表を作ってご褒美シールをあげる。

●入浴の時間がきたら、ジェマに二つの選択肢からどちらかを選ばせる。①ママかパパのどちらかと手をつないで（お風呂場のある2階へ）騒がずに階段を上がる（これができたらご褒美シールを1枚）。または、②抱っこで（2階の）寝室まで行き、ママかパパが弟を連れてくる間、ベッドの上でいい子にして待つ。

親が2人とも揃っている夜でも、全く同じ方法で寝かしつけること。ジェマに①か②のどちらがいいかすぐに決めさせること。階段で遊ぼうとパパを誘ったら、すぐに抱きかかえてベビーベッドに連れて行き、弟が連れて来られるのを待たなければいけない。湯船にお湯を入れている間に、自分で服を脱ごうとしたら、ご褒美シールを1枚。おもちゃを片付けて、素早くお風呂場に向かい、自分で服が脱げたら、シールが3枚もらえ、ご褒美として泡風呂に入ることができる。

食事の時間

食事の時間も、大きな悩みのタネでした。ジェマがふざけて食べるのを嫌がると、スプーンに食べ物をのせてジェマの口に運び、無理やり食べさせようとするため、泣いて終了ということが常でした。食事のときのジェマの様子を見ていると、食間や食事中に過剰にジュースを飲んでいるせいで、お腹があまりすいていないのは明らかでした。さらに、実際に食べられる量よりもたくさん食べさせようとしているために、常に押し問答になっていました。

まず、ジュースを飲ませるのは食事の時間に限定し、よく薄めたものを飲ませるようにアドバイスしました。食事を少なくとも半分食べ終わるまでは食卓に出さないようにし、食間はお水だけにします。お皿には、少なめに食べ物をよそいます（例：細かく切った魚のフライを半身、小さく角切りにしたジャガイモ、カリフラワーを1房、グリーンピース小さじ1程度）。一生懸命おだてて食べさせるようなことはせず、ひとりにして落ち着いた環境で食事をさせます。

食べ終わったら、薄めたジュースを少しだけ飲ませて、欲しがるようであれば、もう少し食べさせます。あまり食事を食べないときは、次の食事の時間までおやつをあげないようにします。まだ好き嫌いはありましたが、この方法でジェマの食事の量は大幅に改善しました。食事の時間になるときちんと食べるようになったジェマを見て、パパもママも毎回どれだけ食べるかはジェマに任せる勇気が出ました。

スケジュール

ルシンダは、ジェマが赤ちゃんを迎えるための心の準備ができているように、やるべきことはすべてやったと思っていました。ある程度のジェラシーは覚悟していましたが、予測不能な行動は想定外でした。赤ちゃんが可愛くて仕方がなく、キスをしたり抱っこをしたりしようとするときもあれば、突然理由もなく攻撃的になって、赤ちゃんを叩いたり引っ掻いたりしようとするのです。

私の経験上、弟や妹に生活リズムが定着していないと、このような行動が起きることが多いようです。赤ちゃんが欲しがるときにいつでも授乳する「ディマンドフィード」で育てられ、クーハンに寝かせられて部屋から部屋を移動していると、上の子にとって赤ちゃんが自分を脅かす存在に映ります。ルシンダは「赤ちゃんに近付きすぎている」「大きな物音を立てている」といった理由で、絶えずジェマを叱っていました。

ジョージのスケジュールが定着し、お昼寝は寝室でするようになったため、ジェマと2人きりで過ごす時間も定期的にとれるようになりました。また、ジェマが赤ちゃんを触ろうとしたときは、「ジョージはジェマに足をくすぐってもらうのが大好きなのよ」と伝えて、足をくすぐらせるようにしました。頭を触らないように叱っているよりも、赤ちゃんを絶えず触りたがるジェマの気を別の場所にそらしたほうがうまくいくのです。

私のアドバイスを実践して数日もすると、ジェマは別人のように変身していました。日中は機嫌がよく、夜もすんなり寝つくようになったのです。食事の状況も劇的に改善し、ジョージに攻撃的になることもありませんでした。赤ちゃんが生まれてくる前に、ジェマがひとりでできることを増やしておけば、ママへの依存度は低くなり、赤ちゃんへの嫉妬の問題も回避することができたはずです。

ルシンダには子育てを手伝ってくれる親族が近くにいませんでした。週に1~2回、プレイグループや保育園に入れていれば、2人の子どもの面倒を見るのはもっと楽だったと思います。2~3歳ごろは、保育園やプレイグループに通うことで、ものの貸し借りや集団行動など多くのことを学びます。これらのことができるようになった子どもは、自信や自立心が身に付き、弟や妹を腹立たしく思うことも少ないようです。

社会性を養う

子どもが2～3歳のときは、お行儀の悪さや、貸し借りができないことを気にかける親が多いと思います。礼儀正しく、親切で、思いやりのある子に育ってほしいとどんな親も願っていますが、3歳未満の子どもはいまだに世界は自分中心に回っています。社会性を養っている途中ですので、常に声かけをしてあげましょう。

責任をもって行動し、悪いことをすれば必ず結果（罰）が伴うということを繰り返し教えれば、礼儀正しく、他の人の気持ちを尊重できる子どもに育ってくれるはずです。優しく、マナーのいい子どもに育てるにはどうすればいいかを次にまとめましたので参考にしてください。

丁寧な言葉遣い

語彙に限りがありますが、2歳になる頃にはほとんどの子どもは何を言われているかは理解できるようになっています。ですので、子どもに話しかけるときには、いつも丁寧な言葉遣いで話し、「ありがとう」と言うのを忘れないようにしてください。2歳から2歳半の間は、「Please（～してください、お願いします）」「Thank you（ありがとう）」などを言い忘れることが多く、常に思い出させる必要がありますが、3歳の誕生日がくる頃には、その回数も減っているはずです。

3歳になってもなかなか定着しないときは、別のアプローチが必要です。何かをしてほしいときに、「Please」と言わないときは、聞こえないふりをすると、言わなければいけないことをとっさに思い出します。同様に、何かを欲しがったときも、「ありがとう」と言うまでは渡さないようにすると、それを言うことがどれほど大切なことかを教えることができます。2歳を過ぎたら、家族や友人からプレゼントを頂いたときや、お誕生日パーティーに出席したときには、お礼状の代わりに絵を描かせて送るようにしましょう。

テーブルマナー

現代のライフスタイルはせわしなく、家族全員で食事をすることはなかなかないと思います。子どもが最初に目にする食卓の風景は、親が「ながら食べ」をしている姿ではないでしょうか。まだ子どもと一緒に食事をしていない場合は、1日に少なくとも一度はするようにしてください。子どもはお手本から学ぶのが一番ですので、食事のマナーを身に付けさせるには、これが最高の方法です。マナーを守って楽しく食事をする親の姿を見ている子どもは、小さな頃からテーブルマナーを身に付けていきます。

常にPleaseとThank youを言い、食事がどんなにおいしいかを伝えられる3歳の子もいましたし、4歳になってもありがとうが言えず、悪びれる様子もなく、「まずい！」と大騒ぎする子もいました。そのようなテーブルマナーは、ごく身近にいる人のまねをしているだけなのです。

きちんと食べて、食事の時間を楽しむことができる子どもは、そうでない子どもよりも、短期間でテーブルマナーを身に付けます。なかなか食べない子どもに、一度にたくさんルールを教え込もうとすると、さらに食べなくなる可能性があります。できるだけのんびりお食事の時間を楽しみ、テレビなど邪魔になるものは消してください。

2歳を過ぎると、食べ物を投げたりこぼしたりするのはいけないことだと学んで、食事中に汚すことも減ってきます。たまのミスには目をつぶり、わざとこぼしたり落としたりしたときだけ注意するようにしてください。この年頃の子どもを、「くちゃくちゃ音を立てながら食べている」「テーブルに肘《ひじ》をついている」といった理由で叱るのはいきすぎです。

テーブルマナーは必要ですが、いくつものことを同時に学べるものではありません。一度に一つのことに取り組んで、それができるようになったら、たくさん褒めてください。大皿から取り分けたものを食べさせるのも、マナーを身に付け、食べ物をシェアすることを教えるのに非常に有効な方法です。

親が「お願いします」「ありがとう」などの言葉を添えながらお料理を回して取り分けたり、どんなにおいしいかを伝え合っているのを見ると、自然と何をすればいいのかがわかるようになります。食べ物の形や大きさや色について話し合うと、言語能力も同時に高めることができます。もう少し大きな子どもには、どんなふうに食べ物が育ち、どの国から来ているのかまでトピックを広げることができます。食事をしながら会話をすることで、食への興味を育み、食事を人と楽しむ術《すべ》を身に付けさせることができます。

けれども、食べ物が口に入っている間は、話しかけないようにするのを忘れないでください。話しかけるのは、必ず口の中のものを食べ終えたのを確認してからにしましょう。こうすることで、口に食べ物が入っているときに話すのは失礼なことだと学ぶことができます。

Q

以前は食事のときにいい子にしていられた2歳半の息子が、祖父母と食事をしているときに過ってジュースをこぼしてしまいました。義母は昔ながらの厳格な人で、彼を睨みつけて「悪い子ね」と叱ったのです。その結果、息子は泣き出してしまいました。わざとしたわけではありませんので、叱られることはなかったと思います。とても繊細でどんどん感情的になる息子の元にすぐに駆け寄って慰めましたが、さらに状況を悪化させるように、夫が義母の意見に同調したため、このことが本格的な言い争いに発展しました。義母はこの年齢の子どもであれば、もっと気を付けることができたはずだと言って譲りませんでした。

それ以降、食事の時間は険悪なムードで、とくに夫が一緒のときは、常に目を光らせて息子に注意しているのです。息子は今やジュースや食べ物をこぼすことが日常的になり、夫はそん

な息子は悪い子で注意を引きたくてやっているのだと言います。この行動が、食事のときにストレスを感じてしているのか、本当に言うことをききたくなくてしているのか、よくわからないのです。急にこんなことをするようになった理由を突き止める手立てはありますか。

A

義理のお母様の対処法が間違っていたというあなたの意見に賛成です。しかしこれからもマナーに厳しい人たちと食事をする機会はありますので、親とは考え方の違う人がいるということを息子さんも学んでおかなければいけません。息子さんを慰めに行ったことは間違っていませんが、長い目で見ると義母とのけんかに発展させるよりも、その場で息子さんに謝らせて、今後は気を付けると言わせたほうが賢明だったと思います。

そしてその場を離れてから、「ばあばはちょっと厳しいよね。ママが子どものときにもジュースをこぼしたら、ママのばあばも同じ感じだったんだよ。次にばあばのおうちに行くときは、もう少し気を付けようね」と言って、状況を深刻に受け取りすぎないように伝えて安心させてください。

残念ながら、その出来事があまりに大きく取り上げられて、息子さんの行動が本当にストレスのせいで起きているのか、注目してほしくてしているのかをはっきりさせることは難しいでしょう。おそらくその両方が原因だと思います。

私のアドバイスは、飲み物をこぼしたり、食べ物を床に落としたりしたときは、ママとパパは平静を保って、「あら、ジュースをこぼしちゃったのね。布巾を持ってくるから、一緒にお片付けしようね」と伝えます。もしも嫌がったら、優しく接しつつも、しっかりと片付けを手伝わせるという点は曲げてはいけません。必要であれば、今日は背中がとても痛くて床まで手が届かないから、自分でやってほしいと説得しましょう。

これを続ければ、ママもパパもやったことに対して過剰に反応したり、同情したりしないのだと理解するようになります。そしてやったことには責任をもって対処しなければいけないということにも気付きます。粗相をせずに食事を終わらせることができたら、毎回ご褒美のシールをあげるのもいいアイデアです。表にシールが5枚並んだら、特別にデザートやアイスクリームをあげてもいいでしょう。しかし、ご褒美はいいことをしたらもらえるもので、「賄賂」のようにいいことをする前に誘導する道具として使ってはいけません。

話の邪魔をする

3歳未満の子どもに、友達と会話しているときや電話をしているときに話を遮るのは、お行儀が悪いと教えるのはほぼ不可能です。すでに言ったように、3歳未満の子どもは時間の感覚を完全には理解していませんので、数分待つというのがどんなことかがわかりません。この年齢の子どもをもつ親の大多数が、緊急の電話や誰かと大事な話をするときには、もので気を引くことがあると認めています。動画を見せたり、飲み物やお菓子をあげておけば、確実に10分は邪魔されずに話をすることができるはずです。

社会性を養うためのスキルの多くがそうであるように、これもお手本から学ぶのが最適です。子どもに話をきちんと聞いてほしいときに丁寧に話しかけていれば、突然話の邪魔をするのはしてはいけないことだと学んでくれます。

子どもが友達と遊んでいるときに話がある場合は、大人にするのと同じような丁寧な方法で注意を引くようにしましょう。部屋の反対側から叫んで命令したり、質問をしたりしてはいけません。子どもが遊んでいるところまで行って、子どもの目線まで下がって目を見て話しましょう。子どもがしっかりあなたのほうを見たら、してほしいことを伝えます。

同様に、子どもがあなたに話を聞いてほしいときは、しっかりと対応してください。子どもがあなたの注意を引きたいときは、あなたが子どもの注意を引くときと同じ方法でするように教えてください。そうしていれば、会話が終わるまでの1～2分間はすぐに待てるようになります。

自分で着替える

2歳を過ぎると、ほとんどの子どもはボタンとファスナー以外は、服の脱ぎ着が自分でできるようになります。早くしたいからと着替えを手伝っていると、自立心を養うことができません。子どもが自分で着替えをするのを待てるように、食事の時間や朝夕は、時間に余裕をもって行動しましょう。

着脱の方法を教えるときは、子どもがイライラしたり飽きてしまうことがないように、段階的に行いましょう。靴下とズボンを脱げるようになったら、次は靴下とズボンとパンツに挑戦させます。着る練習も、同じ方法を使ってください。着たい服を選ばせると、自立心を養うのに役立ちます。ただし、あなたが主導権を握っていられるように、あなたが選んだ服の中から選ばせるようにしてください。

Q

2歳半の息子は自分で着替えをするのを嫌がります。時間を節約するために、結局私がしてしまうのですが、どうすれば自分のことを自分でするようになりますか。

A

この年齢の子どもに新しいことを教えるには、昼間のほうがうまくいきます。週に1～2日、余裕のある時間帯を選んで始めてください。たとえば、ランチタイムのお昼寝をまだ続けている場合は、目を覚ましたときにズボンを自分ではけたらお部屋を出るように言ってください。上手にできるようになってきたら、すべて自分で着替えられるようになるまで段階的に進めていきます。保育園などの送り迎えや朝食などの忙しい時間帯を外せば、落ち着いた環境で取り組めるはずです。ひとりでできたら、お散歩に連れて行くなどの約束をすると、さらにやる気が出ます。

もうお昼寝をしていない場合も、ランチのあとは「リフレッシュタイム」を過ごすようにしてください（次を参照）。ベッドにねんねすることができたら、本を読んであげると言って、ベッドに誘ってみてください。寝ないときは、「お昼寝をしなくてもいいような大きなお兄さんなのだから、お洋服もひとりで着られるよね」と言います。まずは1点から始めて、数週間後にはすべて自分で着替えができるように、少しずつ着られるものを増やしていってください。

睡眠のトラブル

2～3歳の間は、1日の睡眠時間が減ってくる時期ですが、最低でも1日に10時間以上は寝かせるようにしてください。近年の調査では、夜の睡眠が10時間以下の子は、攻撃的で問題行動が出やすくなることがわかっています。また、いつもより30分早く寝かせると、朝までさらに30分長く寝ることが多いようです。

ランチタイムのお昼寝の卒業とリフレッシュタイムの導入

2～3歳になって、午後のお昼寝が必要なくなっても、ランチのあとは寝室に連れて行って、本を読んだり、静かにおもちゃで遊んだりする時間を作ることをおすすめします。1日に一度は子どもも親も落ち着いた時間を過ごすことが重要です。自分の部屋に行くのを嫌がって居間にいる場合でも、この時間は決して走り回ったり叫んだりすることがないようにしてください。外出中や来客時は無理ですが、何もない普通の日であれば、この小休止の時間は母親にとって非常にありがたいものです。

お昼寝を卒業した子どもでも、静かな時間を過ごす機会が与えられれば、最低でも週に一、二度は眠ってしまうことが多いのです。週も終わりに近づいて疲れがたまってきたときに、この少しの休息で子どもの振る舞いは劇的に改善します。

ベビーベッドの卒業

子どもが2歳半〜3歳になるまでは、ベビーベッドを使うようにすすめています。赤ちゃんの誕生でベッドを2人分確保しなければいけないときは、友人からベビーベッドを借りてはどうでしょう。今は生まれたばかりの赤ちゃんには、新しいマットレスを準備するのが推奨されていますので、上の子が使っていたマットレスはそのまま借りたベッドで使用してください。

赤ちゃんが生まれると、上の子も大きな変化に適応していかなければなりませんので、新しいベッドに移すのに最適なタイミングとはいえません。赤ちゃんが生まれたばかりであれば、2〜3カ月はベッドへの移動を保留しましょう。しかし、ベビーベッドで寝ている間は、柵をよじ登ることがないように必ずスリーパーを着せて寝かせるようにしてください。

ベッドに移すことになったら、スペースに余裕がある場合は、現在使っているベビーベッドがある部屋に新しいベッドを設置してください。ベッドへの上り下りに慣れながら、読み聞かせやスキンシップの場として使いましょう。ベビーベッドに非常に愛着のある子どもは、それがなくなることを「脅威」と感じることがしばしばあります。お子さんにその兆候がある場合は、十分時間をかけて変化に対して気持ちの準備をさせてください。ベッドカバーを一緒に選んでもいいでしょう。

おすすめのベッドを聞かれたときは、大人用のシングルベッドをすすめています。ただし、床からの距離が近いロータイプのものを選んでください。ベビーベッドからジュニアサイズのベッドにサイズを調整できるものが人気のようですが、こちらの欠点は下の子が生まれることになった場合にベビーベッドが必要になるため、2台目のベビーベッドを買うつもりがなければメリットを生かすことができないところです。また、ジュニアサイズのベッドのリネンは種類があまりありません。

普通のシングルベッドを買っておけば、子どもが5歳になったときに新しく買い換える必要もなくなります。最初は高いマットレスを買うことはありません。ほとんどの会社は低価格のマットレスも販売しています。おねしょをしなくなる年齢になったら、質のいいものに買い換えましょう。

新しいベッドに移ったら、最初の数カ月はベッドから落ちることがないように、ベッドフェンスを使用してください。コットン製のメッシュで、枠がパッドのものがベストです。2段ベッドは、何度も子どもが落ちるのを目撃してきましたので、おすすめしません。読み聞かせや、寝る前に抱っこやキスをするときにも便利とはいえません。

大きなベッドに移行するのにもう一つのいい方法は、ベビーベッドがない場所に旅行に行くことです。滞在先で大きなベッドに寝かせて、家に戻ってきたときに、新しいベッドを見せて使い始めます。

新しいベッドで眠ることに興奮しすぎて寝つかない場合は、寝室のドアにベビーゲートを設置してください。子どもがよじ登ることができないように、床から5〜6センチ上に取り付けましょう。新しいベッドに移ったときに、夜中目を覚ますようになることがあります。もっともよくある理由が、寒さで目を覚ますケースです。シーツがずれてしまうことがないように、しっかり固定しておけるクリップがありますので、そちらを使ってみてください。

就寝時間に寝ない

就寝時間に寝るのを嫌がるのは、非常によくある問題です。以前は、穏やかで幸せな時間だったベッドタイムが、バトルの場に一変します。次のQ&Aには、そのような状況に私がどう対処したかが書かれています。

Q 6カ月以上前に、今3歳の娘をベビーベッドからベッドに移しました。妹が生まれる4カ月前

のことです。すぐに慣れて、他の方が言っていたような、ベッドから出てきて大変だといったことはまったく経験しませんでした。

しかし、2カ月前に妹が生まれてからは、寝るのをどんどん嫌がるようになりました。毎晩19時30分にはベッドに入って、10分以内に寝ついていた娘が、今はベッドから抜け出して走り回り、飲み物がほしい、本を読んでほしいと叫んで、お化けが怖いと言ったりするようになりました。落ち着かせて寝かしつけるのに2時間かかることもあり、その間に物音で赤ちゃんが目を覚ますようになったために、彼女のスケジュールも狂ってきてしまいました。

A

マタニティーナースとして働いていたときに、この問題は非常によく起こりました。根気よく一貫した姿勢で対応すれば、大ごとになる前に解決することができます。まず最初にするべきことは、子どもがベッドに入っていることを嫌がらないようにすることです。これがクリアできたら、以前のように19時30分前後に寝るようになるはずです。

大事なポイントは、このときに「寝なければいけない」と繰り返し言わないことです。やんちゃを言って、気を引こうとするのを助長してしまうだけです。代わりに、読み聞かせが終わったときに、必要なものを取りに行くと言って部屋を出てください。ベッドから出ずに絵本を読んだり、音楽を聴いていられたりするようならば、ライトは消さず、ドアも開けたままにしておくと伝えます。

けれども、ベッドから出てうるさくするようであれば、ドアは閉めて電気も消すと言いましょう。部屋を出たらドアのすぐ側に立って、「ベッドにいたら、すぐに戻るからね。でもベッドから出たらお部屋には戻らないし、電気も消してドアも閉めるよ」ともう一度伝えます。ベッドから出る時間がないように、30秒以内に必ずお部屋に戻るようにしてください。戻ったときに、「ちゃんとベッドにいて偉かったね。どんなお話を読んでいたの？」と話しかけます。ただしどんな状況でもベッドに座ったり、本を読んであげたりしてはいけません。

その代わりに、部屋を片付けるふりをして、数分したら、また理由を作って部屋を出ます。前回と同じことを言って部屋を出て、ドアの近くで立って待ち、静かにベッドにいたらまた戻ってくると伝えます。戻るのに今度は1分待ちます。同じことを繰り返して、少しずつ部屋に戻る時間を延ばしていきます。部屋を離れる時間を延ばすのに4〜5日かかることもありますが、根気よく続ければ一度に15〜20分は部屋を離れることができるようになります。

ここまでくれば、部屋に戻ると、本を読みながら眠っていることが増えてきます。朝、きちんと子どもを褒めて、ベッドから出ずにいられたら、表にシールを貼ります。そして電気を消したとき、おやすみのキスをしたことを必ず伝えるようにしていました。

この方法を成功させるためのカギは、部屋を離れる時間を延ばすのを急ぎすぎないことです。いない時間が長いと、子どもがベッドから出る時間を与えることになるからです。子どもがベッドから出てしまったら、すぐに戻らせて、電気を消し、ドアを閉めてください。怒ってドアを開けようとするかもしれませんので、ノブを押さえ部屋から出られないようにしてください。ベッドに戻ったら、電気をつけて本を読んだり音楽を聴いたりしてもいいと伝える以外は、話をしないようにします。

私がこの方法を使用してうまくいかなかったことは一度もなく、子どもが泣き叫ぶこともほとんどありませんでした。しかし、効果が出るのに2週間はみておく必要があります。

朝早く目を覚ます

朝早く目を覚ます子どもになるかどうかは、生後1年目で決まることがほとんどです。夜寝るのが遅く、お昼寝の時間が決まっていなかった子どもは、朝早く起きるようになりやすく、午前5時に目を覚ますようになる子どもも少なくありません。

しかし、今までよく眠っていた子どもが、ベビーベッドから大きいベッドに移ったときに、早く起きるようになることが時にあります。だいたい2~3歳の間に起きるようです。きちんとした睡眠習慣が身に付いていれば、問題を解決するのは簡単ですが、長期間目を覚ますのが習慣になっていた子どもはそうはいきません。また、生まれつき睡眠時間が短くても大丈夫なこともありますので、こういう子どもに長く眠ることを期待したり、それに対して腹を立てたりというのは、現実的ではありません。

しかし、目を覚ましたときは、ママかパパが部屋に来るまでは静かに待っていなければいけないということを学ばせることはできます。一貫した姿勢で取り組み、話をするのは必要最低限にとどめれば、目を覚ましても叫んだり大騒ぎをしてはいけないということを教えることができます。

ここでの目標は、もう一度眠らせることではなく、ベッドに静かに横になって、音楽やお話のテープを聴いたり、おもちゃで静かに遊んだりすることだというのを忘れないでください。何をするにしても、部屋は薄暗くしなければいけません。起きる時間がくるまでは、部屋の電気をつけたり、カーテンを開けたりしないでください。

早く起きる子どもへの対処法を次にまとめましたので、参考にしてください。

●寝室のドアを子どもが開けられる場合は、ベビーゲートを取り付けることも検討してみましょう。部屋から出ることができないとわかれば、ベッドに戻ることが多いようです（とくに部屋が暗い場合）。また、子どもが部屋を出て家の中を歩き回れるときには、安全性の問題も考慮する必要があります。何年も前の話ですが、ある朝、3歳の兄が、生後3週の妹を抱いて、階段のてっぺんに立っているのを目撃したことがあるのです。私がキッチンにミルクを作りに行っている間に妹が目を覚まし、家中のドアを開けることができた兄は、妹の部屋に行って抱っこをすることにしたようです。赤ちゃんを抱いたまま階段を下りようとしたら、どんなことになっていたか……。その日から、赤ちゃんの部屋にもきょうだいの部屋にもベビーゲートが付いている家庭からの依頼しか引き受けないことにしました。

●赤ちゃんと同じで、トドラーも暗い部屋で眠らせるのが非常に重要です。覚えている限り、私がお世話をした300人の赤ちゃんの中で、朝7時前に目を覚ますようになった子どもはひとりもいませんでした。少し大きくなると、朝6時〜6時30分に目を覚ますこともあったようですが、短時間歌を歌ったり、独り言を言ったりしているうちに眠りに落ちて、再び7時30分まで眠っていたようです。これは、ドアを閉めて非常に暗い部屋で眠らせているためです。

●暗闇を怖がるようになったら、真っ暗な部屋に無理やり寝かせてはいけません。ドアを開けっ放しにしておくよりも、コンセントに挿して使えるナイトライトを使用してください。ドアを開けておくと、朝がきたと思ってベッドから出るようになるからです。

●朝6時前に目を覚ましたらベッドから飛び出して、元気よく一日を始めようとしている子どもは、すぐにベッドに戻して、「まだ起きる時間じゃないよ」と簡潔な言葉できっぱり伝えます。長々と会話をしないようにしてください。常に同じ態度で接していれば、何度ベッドから出てきても、いつか必ず成果が出ます。目を覚まして何か飲みたがるときは、ベッドのそばに水を1杯用意しておきましょう。

●朝6時30分前後に目を覚ましてベッドから出てしまう子どもは、無理にベッドに戻すことはありません。しかし、起きる時間がくるまでは、おもちゃで静かに遊ぶように教えましょう。決まった時間に童謡が流れるようにタイマーをセットしておくと、起きる時間が来るまでベッドにいるようになります。静かにできた日は、ご褒美シールをあげてください。

暗闇を怖がる

2歳を過ぎると、いつもは落ち着いて堂々としている子どもも、暗闇を怖がるようになることがあります。夜寝る時間になると急に怖がって落ち着きがなくなり、部屋にお化けがいると言い出す場合は、真剣に話を聞いてあげてください。この年の子どもは、現実とそれ以外の区別がまだついておらず、お化けなどいないと言っても助けにはなりません。

ミリアム・ストッパード博士は、「お化けやモンスターが怖いという子どもには、『ママやパパは魔法が使える。お化けなんか簡単にやっつけられる』と伝えましょう」と語っています。お化けはいないというよりも、このようなアプローチのほうが効果的です。特別に魔法をかけたおもちゃを渡して、ドアの近くに置き、モンスターが部屋に入って来られないようにするのも、子どもの恐怖心を取り除くのに効果のある方法でした。

安心して寝られるように、眠りに落ちるまでナイトライトをつけておく親もいました。怖がって夜起きたり、悪夢を見たりするようであれば、一晩中つけたままにしておきましょう。ドアを開けておくよりも、私はいいと思います。ドアを開けたままにしておくと、2人目が生まれたときにしばしば問題が起こります。ママが赤ちゃんのところに駆けつける音を聞いて、目を覚ましやすくなるからです。

Q **4歳の息子はずっとドアを閉めた暗い部屋で眠っていましたが、急に「モンスターが怖いので、ドアを開けて電気をつけたままにしたい」と言い始めました。夫は「モンスターは絵本の中の話で、大きな子は電気をつけたまま眠ったりしない」と説得していますが、効果はなく、就寝時間がどんどん遅くなっています。夜中に何度も彼の元に行かなければいけなくなって、21時前後まで寝つかなくなりました。そのせいで昼間はいつも疲れていて、保育園の先生からも、昔の幸せそうで穏やかだった彼とは別人だと言われました。もうすぐ2人目が生まれるため、その前にどうしてもこの問題をなんとかしたいのです。**

A 小さな子が暗闇を怖がるのは非常によくあることで、この年齢の子どもに恐怖心と向き合わせて、暗闇の中で眠るように強いるのは、精神的ダメージを与えることにもなりかねません。この時期は、特定のものを怖がるようになる子どもが多く、しばしば、本人も何が怖いのかがわかっていないこともあります。ひとりでいるのが嫌で、モンスターを理由に使うこともあるようです。

暗い部屋で無理やり眠らせようとすると、睡眠トラブルに発展する可能性もあり、暗闇への恐怖心よりも解決するのに時間がかかることになります。

小さな男の子の恐怖心を「くだらない」と一蹴するよりも、「ママとパパが隣の部屋で寝ているから大丈夫」と安心させてください。ナイトライトをつけてドアを閉めるか、ドアをほんの少しだけ開けておいて廊下の電気で明かりをとることもできます。ドアを開けておくと、赤ちゃんが目を覚ましたときに上の子も一緒に起きてしまう可能性がありますので、ドアを閉めて部屋にナイトライトをつけておくほうが望ましいでしょう。

ご褒美シール用の表を作って、夜、すぐに寝つくことができたら、シールをあげると効果的です。

悪夢を見る

3歳未満の子どもは悪夢を見ることはほとんどないと主張する専門家が多い中、リチャード・フェーバー博士は、「1〜2歳の子どもも、夢（そして悪夢ですらも）を見ているのは疑いの余地はない」と主張しています。フェーバーは、悪夢は主に昼間に感じた精神的苦痛の表れであり、「感情の乱れを映し出していることが多いが、ほとんどの場合は、悪夢や感情の乱れは〝異常〟なことではない。むしろ、成長に伴って普通に感じる心の葛藤すらも、時に悪夢を引き起こす原因になりうる」と言っています。

長年私が担当してきた赤ちゃんの兄や姉が泣き叫ぶ声で夜中に何度も起こされた経験からも、私はフェーバーの意見に賛成です。その子たちはほとんどが18カ月から3歳でしたので、話ができる子はいったん落ち着きを取り戻したら、悪夢がどんなものであったかを描写してくれました。

どの専門家も、悪夢を見ている子どもはすぐに慰め、安心させてあげなければいけないとする一方で、悪夢をコントロールすることができるかに関しては意見が分かれています。ジョン・ピアース博士は、『The New Baby and Toddler Sleep Programme』（赤ちゃんとトドラーの睡眠プログラム、1999年、未邦訳）という著書で、悪夢は眠りが一番浅いステージで起きるため、時にコントロールをすることが可能であると主張しています。子どもの想像力は大人よりも柔軟なため暗示にかかりやすく、親がモンスターを穴に落としたり、檻に閉じ込めたり、水に沈めたりといった方法で退治できると信じさせることができます。

私も、この方法のほうが、モンスターはいないのだと説明するよりも効果があると思います。モンスターなんて存在しないと子どもに説明すればするほど泣き叫ぶ例をたくさん見てきました。3歳未満の子どもが悪夢を見て目を覚ましても、夢と現実を区別することはまだできないのです。

また、悪夢に悩まされる子どもたちは、就寝時間がバラバラだったり、以前睡眠のトラブルを抱えていたりした子どもがほとんどでした。興味深いのは、私がお世話をした赤ちゃんで、かなり早い段階から私のスケジュールを使っていた子どもは、悪夢に悩まされたことがほとんどなかったという点です。結果、一貫した生活スケジュールは赤ちゃんだけでなく、トドラーにも必要不可欠であるという結論に達しました。

悪夢を見る理由をきちんと理解し、どのように対処すればいいかを次にまとめました。

●悪夢は夜の睡眠の後半に、子どもが「レム睡眠（浅い眠り）」のサイクルに入ったときに起こります。悪夢を見て泣き叫び、いったん目を覚ましてしまった子どもは、怖がる必要はないと納得できない限り、なかなか眠りに戻れないこともあります。

●すぐに子どもの元に駆けつけて、安心させてあげましょう。悪夢について説明できる年齢で、話がしたい場合はしっかり聞くべきですが、夢の詳細は説明させないようにしてください。毎回同じ方法で落ち着かせるようにしてください。落ち着きを取り戻したら、お気に入りのおもちゃと一緒に布団をかけて、ママとパパはすぐ隣の部屋にいることを伝えます。暗いのを嫌がるときは、安心できるようにナイトライトをつけてください。

●2歳を過ぎると、子どもができなければいけないことが急に増えていきます。それに対応していくにはいつも同じ流れで就寝準備をし、同じ時間にベッドに入ることが不可欠です。3歳未満であれば、就寝時間は夜19時30分を過ぎてはいけません。保育園に通っていたり、お昼寝をすでに卒業していたりする場合は、とくに注意してください。私の経験上、ベッドに入るのが定期的に遅くなる子どもは、夜の睡眠が乱れることが多いようです。

●寝る前に子どもが興奮しすぎると、大騒ぎして、親に叱られ、最終的に涙で終わります。感情が高ぶったまま眠りについた子どもは、夜中に目を覚ます確率が高くなります。入浴のあとは、できるだけゆったりとした時間を過ごすようにしてください。走り回ったり、激しく動き回ったりする遊びはさせないようにしましょう。

●3歳未満の子どもは、現実と空想の世界の区別がつかない場合がほとんどで、絵本や映像の種類によっては、悪夢を見ることがあります。暴力的な内容が含まれているものは見せないようにしましょう。たとえば、「赤ずきんちゃん」「3びきのこぶた」などは、想像力が豊かな子どもの場合、悪夢を引き起こす原因となります。2人目、3人目の子どもには、年齢にそぐわない内容のお話が目に入ることがないように、就寝時間をずらす必要があるかもしれません。
●母親につきっきりでお世話をしてもらうことに慣れている子どもは、赤ちゃんが生まれたことで毎日のルーティンに突然変化が起きると、不安を感じることがあります。赤ちゃんの授乳や睡眠の時間は、上の子との1対1の時間が1日に何度か取れるように組むのが重要です。赤ちゃんの就寝時間を18時30分に設定すると、上の子が寝るときに、2人きりの時間をもつことができます。
●悪夢のせいで定期的に目を覚ますようになったら、日中に何をしたかを記録してください。とくに、不安を感じたり動揺する原因になりそうなものは書き留めておきます。悪夢の内容も細かく書いておくといいでしょう。日中の行動と夜の悪夢がリンクしているのがパターンとして浮かび上がることがあり、原因を特定することができるからです。たとえば、犬が怖い子は、昼間に犬と遭遇すると悪夢を見やすくなったり、公園で攻撃的な子に会って怯えてしまった子は、夜の睡眠が不安定になったりすることがあるかもしれません。
●悪夢を見る回数が増え、数週間以上続いているときは、睡眠専門の病院に相談に行くことをおすすめします。

ソフィー（2歳11カ月）の場合

ソフィーは、生後9週の頃から、病気のとき以外は毎晩夜通し眠っていました。もうすぐ3歳というところで弟が生まれ、その1カ月後には悪夢を見るようになりました。明け方の3〜5時になると、毎晩泣き叫んで目を覚ますのです。叫び始めたらすぐに彼女の元に駆けつけましたが、落ち着かせるのに1時間以上かかることもありました。夢の内容はいつも一緒で、虎が窓から入って来る、と言うのです。全部夢だとなだめようとすればするほど感情的になって、虎は本当に外にいて自分を食べようとしていると頑なに言ってききませんでした。

ソフィーが叫んだせいで赤ちゃんが目を覚ますのが一晩に2回続いたときに、状況はさらに悪化しました。通常、深夜2時30分に目を覚ましたら授乳をすませて、3時15分には眠りに戻り、6時30分まで眠るはずの赤ちゃんが、ソフィーが泣き叫ぶせいで目を覚まし、4時30分〜5時にもう一度寝かしつけなければいけなくなったのです。

私の契約もそろそろ終わりに近づいていましたので、この状況をなんとかしようと必死でした。夜中にソフィーと赤ちゃんの両方のお世話をママひとりで見なければいけないのが、大変なのは目に見えていたからです。また、夜中にソフィーの面倒を見ているママの母乳の出が、疲労のせいで悪くなっていることも心配でした。ですので、ママが休めるように、ソフィーのお世話を2日間私に任せてもらうことにしました。

最初の晩は、4時30分に目を覚まし叫び始めましたので、すぐに彼女の元に駆けつけました。親が虎はいないと説き伏せると余計に感情的になっていましたので、私は代わりに、ソフィーをベッドから降ろして窓際に連れて行き、「どこに虎がいるか教えて」と聞いてみました。彼女は庭の奥を指さして、庭小屋の後ろに隠れていると言うので、「本当だ、あそこに何かいるね」と同意しながら、「でも虎じゃなくて、あれはシマシマの子猫だよ。子猫のママが食べるものを探しに行っている間、私たちの庭に隠していったの。私たちならきちんとお世話をすると思ったのよ。窓から聞こえたうなっているような鳴き声は、虎じゃなくて子猫がミルクを欲しがっていただけかも」と言ってみました。

すると、数分後にはソフィーは落ち着きを取り戻し、ベッドに戻って10分以内にはコトンと眠りに落ちました。

次の日の朝、ソフィーは私が話したことを全部覚えていて、庭に子猫を探しに行こうとしましたが、子猫は母猫が食べ物を探しに行く夜中しか来ないので、その夜子猫が戻ってきたときのために、ミルクをお皿に入れて置いておこうと提案しました。その夜、ソフィーはまた4時に叫んで目を覚ましましたが、彼女が聞いた物音は、子猫が「ミルクをありがとう」と言っていただけよ、と話すと、数分後には眠りに戻りました。

それ以降、この想像上の子猫は、ソフィーの現実世界の一部となり、夕方になるとソフィーは子猫のためにミルクを置くようになりました。夜に起きる回数はだんだん減っていき、鳴き声はミルクを欲しがる子猫で、怖い虎ではないと繰り返し説明すると、数分以内には再び眠りに戻りました。2週間もすると、悪夢を見ることはなくなりましたが、ソフィーはその後5カ月間、子猫のためにミルクをあげ続けたのです。そしてある夜、母親がお皿にミルクを注ごうとすると、ソフィーはこう言ったのです。

「ママ、ミルクは注ぐふりをすればいいだけだよ。子猫は本当はいないんだから!」

夜驚症《やきょうしょう》

夜驚症は悪夢と比べると非常に珍しく、まったく異なる行動をとります。子どもが夜驚症の症状を示しているのを見ると、初めて見る親はギョッとしてしまうこともあるでしょう。ベッドに座って、目を大きく見開き、まるで何か恐ろしいものを見ているかのように、前をまっすぐ見つめながら叫んでいるのです。同時にうめき声をあげて、のたうち回り、あまりに汗をかくので熱があるように見えることもあります。悪夢を見て目を覚ました子どもは、なだめたり落ち着かせたりすることができますが、夜驚症の子どもはそれができません。目は完全に開いていますが、ほとんどの専門家の意見は一致していて、子どもはまだ睡眠状態にあります。ですので、親は子どもを起こそうとしてはいけません。

子どもが夜驚症の症状を示しているときの対処法を次にまとめました。

●夜驚症は、眠ってから1~4時間以内の非常に深い眠り（ノンレム睡眠）の周期に起こります。通常10~20分ほど続き、その間子どもが目を覚まさなければ、終わり次第すぐに眠りに戻ります。

●夜驚症の症状が出ているときは、親がそこにいることに子どもは気付いていません。抱きしめて落ち着かせようとしても、おそらく状況が悪化するだけです。抱きしめてほしいと子どもが思っているように見える場合以外は、子どもがけがをすることがないように横にいて見守るだけにしておきましょう。

●症状が治まってきたら、子どもも落ち着きを取り戻しますので、布団をかけて、寝かしつけてください。子どもが完全に目を覚ましてしまわないように気を付けましょう。起きてしまったときは、悪い夢をみたのかなどと質問しないようにしてください。朝になったら、覚えていないことに関して質問をされて動揺することもありますので、夜驚症の話はしないようにしてください。

●リチャード・フェーバー博士は、夜驚症は疲れすぎが原因だと主張しています。十分な睡眠をとらせ、必要であれば就寝時間を早めるよう助言しています。また日中に規則正しい生活習慣を身に付けることの重要性を説いています。

●頻繁に夜驚症で起きる場合は、いつも目を覚ましてしまう時間の10~15分前に優しく起こして、5分以内に再び寝かしつける方法をすすめる専門家もいます。しかし、子どもが完全に目を覚ましてしまったときに、眠りに戻るのを嫌がって問題に発展する可能性を指摘する専門家もいます。

●大きくなると自然と夜驚症は出なくなるという専門家がほとんどですが、頻繁に夜驚症が出るときは、医師に相談することをおすすめします。

悪夢や夜驚症は2～3歳の子どもが経験するもっともよくある睡眠障害といっていいでしょう。きちんと対処すれば、すぐに改善する場合がほとんどです。

トイレトレーニング

「トイレトレーニング（トイレトレ）は何歳で始めればいいでしょう」「どれくらいかかるでしょう」とよく質問されます。子どもは十人十色でみんな違いますが、何百人ものママや子どものお世話をした経験からいうと、18カ月から24カ月の間にトイレトレを始める準備ができている子がほとんどでした。

トイレトレに必要な膀胱《ぼうこう》をコントロールするための筋肉が十分に発達している子どもは、18カ月未満の子どもにはほとんどいないでしょう。祖父母の世代の人たちが、昔は1歳になる頃にはトイレトレをしていたと言うのを聞いたことがあるかもしれませんが、実際には子どもではなく、「母親がトレーニングされていた」というのが現実だと思います。一日中、頻繁に子どもをトイレに連れて行って、おまるやトイレに座らせていれば、たまたまおしっこやウンチが出ることもあったでしょう。昔のように布おむつを使っていた時代であれば、こうすることでおむつを頻繁に洗ったり消毒したりする手間も省けます。

しかし、本当にトイレトレが完了していたかというと、そうは言えないと思います。完全にトイレトレが終了している子どもというのは、おしっこやウンチをしたいというタイミングをきちんと理解し、ひとりでおまるやトイレに行ってパンツを下げて、用を足したあとに再びパンツをはくことができる子どものことです。

いつごろ始めるか

子どもが18カ月を迎えたら、トイレトレを始めることができるどうかをチェックするためのポイントがいくつかありますので、気を付けて見ていてください。しかし、トイレトレを成功させるには、子どもはもちろん、ママも心構えができていなければいけません。「トイレトレは本当に大変だった」「ものすごく時間がかかった」「結局子どもの準備ができていなかった」など、苦労話を山ほど聞いてきました。実際は、親の準備ができていなかったケースがほとんどなのです。

次に示した条件のほとんどを子どもがクリアしていても、親にトイレトレに取り組むための覚悟と時間が100パーセントなければ、始めるのはおすすめできません。引っ越しや出産を控えていたり、子どもが病み上がりだったりするときは、取りかかるのを待ちましょう。

時間をかけず成功させるには、親がゆったりとした気持ちで取り組むことができるのはもちろん、兄弟や姉妹にある程度、ジーナ式スケジュールが定着していることが重要です。トイレトレを成功させるには、徹底して行うための集中力と時間を捻出する必要があるからです。ポジティブな姿勢で取り組むことができ、他の家族にとってもタイミングがよく、子どもが次のチェックリストの条件をすべてクリアしていれば、1週間でトイレトレを成功させることができるはずです。

□ 月齢が18カ月以上で、ランチタイムのお昼寝から目を覚ましたときに、おむつが濡れていないことが多い。最後に替えてから2時間たっても濡れていないのは、膀胱が発達してきている証拠。
□ ウンチとおしっこの違いがわかっている。たとえば、ウンチをしているときは静かになって力んでいる。また、おしっこやウンチをしたときに、おむつを指して「ウンチ」「おしっこ」と言う。
□ 「ボールを取ってきて」や「おもちゃを箱に入れて」などの簡単な指示を理解し、その通りにすることができる。
□ 靴や靴下、パンツなど、積極的に自分で服を脱ごうとする。また、「パンツを上げる・下げる」といった言葉を理解している。
□ おもちゃや本があれば、5~10分はじっと座って、何かに集中することができる。

必要なもの

トイレトレの準備を始めるにあたって、まずは必要なものを揃えましょう。

●おまる　2個

住居が2階建て以上の場合は、必ず2個準備しましょう。1階と2階にそれぞれ一つずつあれば、いちいち上へ下へと持ち運ぶ手間が省けます。トイレトレの初期の段階では、子どもがおまるに向かうよりも、おまるを子どもの元に持っていくことのほうが多いということを覚えておいてください。

デザインはシンプルで頑丈なものを選びます。縁が厚めで、前に飛びはねを防ぐガードがあるもの。また、子どもが立ち上がったときにグラグラしないように、底が安定しているものがいいでしょう。ふたが付いているような、手の込んだデザインのものは避けて、まったく同じものを2個購入してください。1階の緑のおまるでおしっこをしたいから、2階の青いおまるでおしっこをするのを嫌がる、といったことがないようにするためです。

●補助便座

トイレの便座に取り付けるようにデザインされています。子どもがグラグラしないようにつかまることのできるグリップが付いたものを選んでください。

●パンツ　2枚

パンツの上げ下げがひとりでも楽にでき、洗濯や乾燥で縮むことも考慮して、実際のサイズより2サイズ大きいものを購入するのが重要です。

●絵本、CD、DVD　各種

おまるに座っているときに子どもが退屈しないように、絵本の読み聞かせや童謡が入ったCDを購入してください。おまるを使うのを頑なに拒否する場合は、最終手段として、子どもが好きな番組を録画して使うこともできます。

●ご褒美シール用の表

子どもの名前が書かれたカラフルな色合いのご褒美シール用の表を作ってください。いろいろな大きさや色の星形のシールを買って、数回続けておまるでのおしっこが成功したときには、特別にいつもより大きな星のシールを貼ってあげてください。

●ハンドタオル

小さな子どもは、普通のタオルよりも小さなハンドタオルのほうが手を拭きやすいようです。おまるを使ったあとに手洗いを喜んでするように、お気に入りのキャラクターが付いたハンドタオルを数枚用意してください。

●ステップ

手を洗うときに洗面台に楽に届くように、子どもが立つための踏み台です。後々、トイレに座るために使用することもできます。

●服

トイレトレを始めた最初の数日は、用を足すときにいちいち上着をめくり上げなくてもいいように、短めのTシャツなどを着せるといいでしょう。トイレトレが軌道に乗ったら、おまるを使うときに簡単に素早く脱ぎ着ができる服装を心がけてください。たとえば、股部分にスナップがある肌着は、ないタイプのものに変えてください。オーバーオールや、ベルトやボタンがたくさん付いたズボンも避けましょう。トイレトレが終わるまでは、下はシンプルな短パンやジャージー、上はTシャツやトレーナーなどを選んでください。

《ステージ1・準備編》

18カ月になる頃には、トレーニングを始めるために準備できることがたくさんあります。これくらいの年齢の子どもはみんな「ごっこ遊び」が大好きですので、最初のステップとして、子どもをできるだけ頻繁にトイレに連れて行きましょう。おむつはまだ着けたままで大丈夫ですので、おまるに座らせて、あなたがトイレを使っている様子を見せて、何をしているか説明してください。後々、何をすればいいのかを理解させるのにとても効果的な方法です。

この段階で重要なのは、わかりやすく簡単な言葉で何をしているかを説明する間、子どもがじっとおまるに座っていられるようになることです。子どもに伝えるべき大事なポイントを左にまとめましたので参考にしてください。

- 「ママ、おしっこに行かなくちゃいけないの」
 ↓子どもの手を引いて、トイレに連れて行く
- 「ママはトイレでおしっこをするんだよ」
 ↓子どもにトイレを見せて、どこにおしっこをするのかを教える
- 「パンツを脱がなきゃね」
 ↓パンツをどのように脱ぐかを見せる
- 「トイレに座って、おしっこをするね。〇〇（子どもの名前）はおまるに座ろうか」
 ↓子どもがおまるに座ったら手を叩いて、「上手におまるに座れてすごいね」と褒める
- 「おしっこが終わったよ。パンツをはくね」
 ↓パンツをはいているところを見せる

最後に、あなたが手を洗っているときに、子どもも一緒に洗ってタオルで拭くように誘って

みましょう。洗っているときには水で手が濡れること、タオルで拭いているときには手が乾くことを、「濡れる」「乾く」という単語を強調しながら教えてください。ときどき、わざとタオルを濡らしておき、濡れたタオルを触らせて、乾いたきれいなタオルで手を拭くほうがずっと気持ちがいいことを説明してください。その後、濡れたタオルと乾いたタオルのどちらで手を拭きたいかを選ばせてみてください。こうすることで、濡れていることと乾いていることの違いを理解するようになります。

進んであなたのまねをするようになり、トイレトレを始める準備ができているようであれば、入浴の準備をしている間におむつを外して、おまるに座るように誘ってみてください。5〜10分で十分です。万が一、その間に用を足すことができたら、たくさん褒めてください。

褒めるときに大事なことは、何に関してママが喜んでいるかを子どもにきちんとわからせることです。たとえば、「おまるにきちんとお座りできて偉いね」「トイレでおしっこができるなんて賢いわ」と具体的に言いましょう。「なんていい子」などの言い方は、おまるでできなかったら「悪い子」なのだと考えてしまうかもしれませんので、なるべく避けてください。

入浴の時間に喜んでおまるに座るようになったら、朝食後やお昼寝から目を覚ましたときにも試してみましょう。最低でも1週間、これらの時間に問題なくおまるに座っていられるようになったら、日中はパンツをはかせて、おまるを使い始めることを真剣に検討してください。

しかしここで言っておかなければいけないのは、**トイレトレが成功するかどうかは、子どもは**

もちろん、親もしっかり準備ができているかどうかにかかっているという点です。

ウンチ

おしっこよりもウンチを先におまるでするようになる子どももたくさんいます。これは、おしっこよりもウンチを我慢するほうが簡単だからです。毎日決まった時間にウンチをするようであれば、その時間におまるに座らせてみてもいいでしょう。この段階ではうまくいかないこともちろんあります。おまるでウンチができることもあれば、おむつをした途端に中でしてしまうこともあります。

その場合も騒がずおむつを替えて、「次にウンチがしたくなったらおまるでしようね」と言うだけにしてください。大事なのは、たとえ毎回成功しなくても、嫌な顔をしたり叱ったりしないことです。励ましながら優しくサポートをしたほうが、結果うまくいきます。

《ステージ2・実践編》

2週間以上かけて《ステージ1》に書かれた準備をすべてこなし、トレーニングを始めるためのチェックリストもほぼクリアしている場合は、トイレトレを1週間で成功させることができるはずです。ここで重要なのは、とくに最初の2日間はお出かけの予定がほぼない週を選ぶことです。友人や家族にも、トイレトレを始めるため、日中は忙しいことを伝えておきます。

ほかにきょうだいがいる場合は、パパの協力が見込める週末に始めるのがいいでしょう。

最初の2日間は、目を離すことなくつきっきりでサポートする必要があります。そうでなければ、あっという間に興味がなくなってしまいます。

●1日目

トイレトレ初日、朝食をすませたら、「大きな子だけがはけるパンツだよ。かっこいいね」と言いながらパンツをはかせます。指示はわかりやすくシンプルにするように心がけてください。もう大きな「お兄ちゃん」「お姉ちゃん」なのだから、ママやパパみたいにパンツをはいて、おまるでおしっこやウンチをしようね、と簡単に説明します。自分がトイレに行く場合も今まで通り子どもも一緒に連れて行き、何をしているかを教え、おまるに座らせて一緒におしっこをしようと誘ってください。

最初の2日間は、おまるに座るように何度も働きかけなければいけません。ですので、その日はできるだけ一部屋にとどまってトレーニングをするのが理想的です。ほんの数分でも別の部屋に行かなければいけないときは、子どもと一緒におまるも持って移動しましょう。

15分おきにおまるに座るように誘ってみてください。5〜10分間座っていられると理想的です。何度か上手におまるを使えたら、誘う間隔を少しずつ空けていってください。数回続けて成功するのにどのくらい時間がかかるかは、子どもによって異なります。2時間ほどで定期的におまるでおしっこをするようになる子どももいれば、何時間もかかる子どももいます。おまるで成功する前に何回もおもらしをしてしまっても、ガッカリしないでください。いったん、2回続けておまるでおしっこができたら自信が付いて、その後はそれをあなたに見てもらおうと頑張るはずです。

大切なのはおもらしをしてしまったときに、大騒ぎをしたり不機嫌な顔をしたりしないことです。濡れたパンツを交換して、パンツをはいていてどんなにかっこいいか、おまるに座れてどんなに偉かったかを伝えます。そしておまるでのおしっこに成功したら、どんなにすごいか、そしてパパに教えたらどんなに喜ぶかを言いましょう。おもいきり褒めてギュッと抱きしめて、ご褒美シールをあげることがいちばん効果的な方法なのです。どんな子どもでも、批判されるよりも励まされ、褒められるほうがポジティブに反応します。さらにご褒美シール表で、自分がどれほど成功したかを目で確認することができるのです。

私は、トイレトレの進行状況を細かく書き込むための表を作っていました。どれくらいの頻度でおしっこをしたくなるか、またトイレでのおしっこに成功した場合も、自発的に行ったかなどのパターンを理解するのに大変役に立ちます。

どれだけ成功したかにかかわらず、1日目の終わりには、頑張ってとても偉かったことを子どもに伝えるのが重要です。おもらしについては、一切言う必要はありません。また、喜んでパンツをはくように、次の日のパンツを子どもに選ばせるといいでしょう。

子どもが飽きてくるのを避けるため、次の日は短時間だけ友達を呼んでみてはどうでしょうか。たとえば「明日トミーが遊びに来たときに、かっこいいパンツをはいたあなたを見たらびっくりしちゃうね」などと言いましょう。こうすることで、子どものやる気を引き出すことができるかもしれません。

●2日目

2日目には、おしっこの間隔に定期的なパターンが表れているのが見てとれるはずです。そのパターンを見れば、どのくらいの間隔で子どもをおしっこに誘えばいいかも決められますし、どのくらいの頻度で自発的におしっこに行っているかもわかります。もちろん、あなたに言われてトイレに行く回数とおもらしの回数を減らしていくのが目標です。そのためにも、おまるはすぐ手の届くところに置いておくことが重要です。今後は徐々に、おしっこをしたいかどうか子どもに聞いて決めさせるという方法にシフトしていきます。たとえ、そのせいでおもらしにつながってしまっても、おしっこをするときは自分で決めるのだという責任感をもたせるのも大切だからです。

●3日目

3日目には、どれくらいの頻度でおしっこをするか、はっきりとしたパターンが出ているはずです。トイレトレを短期間で成功させるには、一貫して同じ姿勢を貫くのがもっとも大切です。日中はどんなときもパンツをはかせ、おむつは寝るときのみに限定します。最初の数日は何度かおもらしをするかもしれませんが、かえって子どもがおしっこに行く必要があるか気にするようになり、濡れていることと乾いていることの違いを意識する助けとなります。

最初のうちお出かけのときには、着替え用の服とパンツを2セットと、濡らしてしまった服を入れるためのビニール袋を用意しましょう。大人用のトイレに慣れるまでは、おまるを持ち歩いてください。私は使ったことがありませんが、旅行用のおまるもあります。

トイレトレがきちんと終わるまで車やベビーカーで出かけるときは、おもらしを想定し準備をしておくのが賢明です。薄いクッションパッドを購入してポリ袋をかぶせます。それに取り外して洗濯できるかわいらしいカバーを付けるようにアドバイスしていました。これはベビーカーや車の座席、また友達の家を訪問したときに使うことができて、シートにビニール袋を敷くよりも安全です。ビニール袋をシートに敷くと、子どもは安心してしまっておしっこをしたいと言わなくなる傾向があります。子どもは自分のクッションがポリ袋で覆われていることに気付きませんし、お気に入りのクッションを濡らしたくないと思うはずです。

●4〜7日目

4日目までには、多少のおもらしはあっても、ほとんどの子どもが自発的におまるで用を足しているかと思います。これからの数日間で、おまるの位置を少しずつトイレに近づけていってください。トイレにたどり着くまで十分おしっこを我慢できるようになったら、おまるはトイレに置いたままにしておきます。トイレに行かずに2時間が過ぎ、子どもが何かに夢中になって忘れてしまっているように見えたら、おまるがどこにあるか尋ねてみてください。

1週目の終わりまでには、たまのおもらしを除いては、ほとんどの子どもがおまるやトイレでおしっこをするようになっています。このままトイレトレを成功に導くために、寝るとき以外は決しておむつを使わないでください。子どもを混乱させるだけで、解決するのに何カ月もかかってしまうトラブルの元となります。

就寝時のおむつ

お昼寝が終わったときに、おむつが濡れていないことをコンスタントに確認できない限り、お昼寝時のおむつは続けてください。最低でも2週間は様子を見て、大丈夫なようであれば、自信をもっておむつをやめることができます。夜の就寝時は、数カ月はおむつを使い続けましょう。私の経験上、3歳に満たない子どもで、朝までおしっこを我慢できる子どもはほとんどいません。男の子の場合はさらに時間がかかるでしょう。

3歳以上で、ほぼおもらしもしない子どもであれば、夜もおむつを使う必要はないことを説明し、夜中に起きておしっこをしなくてもいいように、寝る前にきちんとトイレに行かせましょう。少なくとも就寝1時間前からは水分をとらせないようにするといいでしょう。

おねしょは当たり前

小さな子どもが折にふれておねしょをするのはごく当たり前のことです。けれども、これが定期的に起こるようになると、深刻な問題に発展することもあります。濡れたシーツを替えるために夜じゅう起こされていては、親もくたくたに疲れてしまいますし、子どもも不安や罪悪感を抱き始めます。ずっと長い間おねしょをしていなかったのに急に始まった場合は、尿路感染症の疑いがないか確認するために病院に連れて行きましょう。

何度も再発する場合、精神的な問題が原因だという専門家も多いようですが、私の経験ではそのようなケースはあまりないように思います。私がお世話をしてきた家庭を見ていると、寝る前に過度に水分をとらせているのが一番の理由のようでした。ですので、私は18時以降は水分を与えないようにしていました。

夜22時のおしっこタイム

昔の専門家たちは、子どもを夜22時に起こしておまるに座らせるようにアドバイスしていました。子どもが夜通しおしっこを我慢できるようになる年齢は、母親の腕で決まると考えられていたのです。

いまだに夜中に子どもを起こしておしっこをさせる親も多いようですが、近頃の子育ての専門家の大多数は、決まった時間におしっこをするように子どもをプログラムしているだけだと、この方法に異を唱えています。私もその意見に賛成です。子どもが4歳を過ぎていて、寝る前の水分量を調整しているにもかかわらず、毎晩おねしょをしている場合のみ、試してみてもいいでしょう。

この方法を試す際に重要なことは、子どもを完全に起こしてしまったり、刺激を与えたりしないことです。明かりやおしゃべりは最小限に抑えます。子どもが3歳未満の場合は、トイレに連れて行かず、おまるを使用してもいいでしょう。子どもが毎晩同じ時間におしっこをしたくなってしまうというリスクを減らすために、起こす時間を毎日変えたほうがいいという専門家もいます。

これでおねしょの回数が減ってきたら、「もう大きなお兄ちゃんお姉ちゃんだから、夜起こさなくてもいいね」、そして「もしも夜おしっこがしたくて目が覚めたら、手伝いに行くから呼んでね」と子どもに伝えます。夜中に短時間とはいえ起きなければいけなくなりますが、子どもに自信が付くにつれて、ひとりでおしっこをするようになることが多いようです。

頑固な子ども

ときどきおまるに座るのを頑として嫌がる子もいます。その子が2歳未満であれば、無理にさせることはありませんが、3歳に近い場合はご褒美を用います。多くの専門家がこのやり方に眉をひそめるとは思いますが、非常に頑固な子どもの場合は唯一の方法です。

3歳以上の子どもであれば、トイレトレーニングに必要な条件を満たしていないように見える場合でも、普通は訓練ができるはずです。《ステージ1・準備編》は省略して、すぐにトイレトレ本番を始めて、ご褒美シール用の表を用意しましょう。おまるでおしっこをするたびにシールがもらえること、そしてご褒美がもらえることを説明してください。ご褒美は小さなおやつでも構いません。必ず効果がありますので、信じてください。もちろん、それ以外のときにご褒美をあげてはいけません。2日もすると、定期的に子どものほうからおまるを使いたがるようになります。

衛生管理の大切さを教える

トイレトレーニングの初期段階では、お尻拭きや手洗いを手伝う必要があります。3歳になる頃には、子どももできることが増えて、自分でやりたがるようになります。きれいにお尻を拭く方法（女の子の場合は、前から後ろに）や、きちんと手を洗う方法を一緒に練習するのはとても大切です。珍しい石けんやキャラクターが付いたハンドタオルがあると、手洗いも楽しくなるはずです。トイレトレを始めたらすぐに、衛生管理をしっかりすることがいかに大切かをきちんと説明してください。

逆戻りしても慌てずに

トレーニングが終了している子どもでも、たまのおねしょは今後も続くでしょう。大事なのはイライラしたりせず、いつも同じ態度で接することです。そして、たとえ数日おねしょが続いても、再びおむつに戻すようなことはしないでください。

たまに何カ月もおねしょをしていなかったのに、急に始まることもあります。これは、弟や妹が生まれたり、保育園に通い始めたり、環境が変化したときに起こりやすいようです。

突然トイレトレが逆行したときに、子どもが以前よりも内気になったり、やんちゃや攻撃的な振る舞いが出てきているように見えたら、おそらく精神的な問題に起因しています。振る舞いに問題がない場合は、病院で尿路感染症などの疑いがないか確認をしてください。

理由がなんであれ、おむつに戻るのは最終手段です。少しの間、濡れたパンツの処理に追われることになっても、忍耐強く、いつもと同じ態度で励まし続ければ、いつかまたもとの状態に戻ることができます。

第3章　遊びの力

どんな親も、自分の子どもがみんなに好かれる人気者になってほしいと願っていると思います。それには、「自分のことしか考えないおもちゃの貸し借りができない子」ではなく、「譲り合いの気持ちをもって仲良く遊べる、思いやりのある子」でなければいけません。子どもは遊びを通してそれを学び、育っている環境に感謝する気持ちを育んでいきます。

子どもは、遊びを通じてさまざまなことを経験し、意思疎通やコミュニケーション能力を高めていきます。想像力が豊かで、友達やきょうだいと仲良く遊べる、バランスのとれた子どもを育てるのに一番重要な要素の一つは、いい刺激を受けることができる環境を整え、そこで最大限に遊ぶことだと思います。ひとりでいるときも、他の子と一緒にいるときも、楽しく遊ぶことができる子どもは、優秀で思慮深い大人に成長していくのは間違いありません。子育てにおいて、遊びより重要なものはないのです。

1〜2人の友達と短時間遊ぶ機会を設けて、一緒に遊ぶことに慣れさせていきましょう。数人と遊ぶのに慣れてきたら、友達の輪を広げて、アクティビティに参加したり、もっとたくさんの友達と遊ぶ機会を作ってみてもいいでしょう。けれども、大人数が参加するアクティビティは、自分の子どもの成長がいかに早いかを自慢する親が来ていて、競争の場となっていることもありますので注意してください。

自分の子どもができることと、同じ年頃の他の子ができることを比べてはいけません。子どもの成長のスピードはそれぞれ違います。同じ年齢なのに、語彙《ごい》数やできることがもっと多い子どももいますが、長い目で見ると、必ずしも優秀な人間に育つというわけではありません。私はお世話をしてきた赤ちゃんが大きくなる様子を長年見てきましたが、引っ込み思案でお話も歩くのも遅かった子が、今ではとても賢く魅力的な人間に成長しています。

この時期に重要なことは、どんなに早く学んでいるかではなく、学ぶことを楽しんでいるかどうかです。落ち着いた環境で刺激を受けながら、子どもが楽しんで学べる場を用意しなければいけません。

遊びから学ぶ

子どもは、他の子と遊びながら、コミュニケーション能力や協調性、社会性を学んでいきます。2歳になるまでは、それぞれ横に並んで遊ぶことはあっても、一緒になって遊ぶことはあまりありません。この成長段階で、同じ年頃や年上の子と会う機会をもつのは非常に重要です。

この時期は、見て聞いて、多くのことを学びます。２歳になる頃には、身体能力も言語能力も一段と発達して、他の子と一緒にゲームやアクティビティに参加する自信が付いてきます。心身ともに成長が早くても、１～２歳の時期に他の子と触れ合う機会があまりなかった子どもは、輪に入るのを怖がることがあります。

遊びの種類

さまざまな種類の遊びをさせることで、子どもの身体的、情緒的、知的な社会性が、多角的に発達していきます。子どもも一個人として、何をするのが好きなのかを選ぶ能力を培っていきます。いろいろなアクティビティを体験させることは重要ですが、楽しんでいないことを無理に続けさせても意味がありません。

ある15カ月の息子をもつママは、子どもの創造性を養いたいと、毎日午後になると子どもをいすに座らせて、お絵かきやぬり絵や貼り絵をさせていました。しかし、いつも子どもは泣いて癇癪《かんしゃく》を起こし、水は四方にあふれ、絵筆は宙を舞って終わるのです。私はなんとか母親を説き伏せ、２週間ほどアートの時間をお休みさせて、彼が本当に好きなものを集中してやらせることにしました。数週間後にアートの時間を再開したときも、１週間に２回を上限としました。彼はそろそろ８歳になりますが、非常にアートの才能がある男の子に成長しました。

何かを学ぶときに、繰り返しやらせることは非常に重要ではありますが、それと同じくらい、子どもがどれほど楽しんいるかが上達のカギとなります。回数が多いほどいいわけではないということを覚えておいてください。

「数が多いほどいいわけではない」という理屈は、おもちゃにも当てはまります。私の経験上、おもちゃの数が多すぎる子どもは、飽きるのも早く、おもちゃで遊んでいるときに想像力を使うのが得意ではありません。

次の項目で、子どもに人気があり、さまざまな能力を身に付けるのに役立つ遊びやアクティビティを紹介します。

体を使った遊び

体を使った遊びは、子どもの健康のためにも不可欠です。筋力を付けて、食欲を増進し、持久力を高めます。また、体力を消耗しますので、夜はぐっすり眠るようになります。1~2歳の時期に、歩いたり、走ったり、ジャンプしたり、登ったりといった、主要な運動技能を発達させるのは非常に重要です。歩行が安定してきたら、体を使ったゲームをすることで、バランスや運動神経を向上させることができます。

体を使った遊びは、その後の人生でも必要とされる社交性や社交術を育む上でも非常に重要です。というのも、人格形成期に、アクティビティや遊びを通して体と精神をバランスよく結び付ける術を身に付けた子どもは、のちのち水泳、テニス、スキー、乗馬といったスポーツやそれを通じた交流の場を、自信をもって楽しむことができるようになるからです。

1～2歳の間に、走ったり、ジャンプしたり、よじ登ったり、階段を上り下りしたり、ボールを投げたりキックしたり、簡単なダンスのステップなどを学ぶことのできる遊びやアクティビティを体験させましょう。これらの運動には、数字や空間認識を学ぶ上で役に立つものもあります。生まれながらに運動神経が他の子よりも発達している子どももいますが、体を使った遊びの目的は、さまざまなスキルを学びながら、楽しい時間を過ごすことです。

1～2歳の時期に体を動かす遊びを楽しみ、いろいろな種類の運動を経験した子どもは、2～3歳になった頃に、自信をもって走ったりジャンプしたりすることができ、距離や高さを認識する能力も優れています。ゲームのルールを理解する能力も高く、ボールを投げたりキャッチしたりキックしたりするアクティビティにも積極的に参加します。3歳になる頃には自信が付いて、サポートなしでジャングルジムや滑り台に登って遊ぶようになります。三輪車に乗ったり、プールに飛び込んで、短い距離であれば泳いだりすることもできるようになります。

読み聞かせ

読み聞かせは言葉の発達を促すだけでなく、周りの世界について学び、想像力や集中力を養うのに素晴らしい方法です。慣れ親しんだものの絵が載っている簡単な本から始めましょう。「犬はどこ?・」「猫はどこ?・」などと聞きながら、指さしをさせてみましょう。新しい単語を教えるときは、ゆっくり、はっきりと発音して、あなたの口の動きを子どもに見せることが重要です。子どもは、小窓をめくって触感を楽しむことのできる仕掛け絵本が大好きです。想像力を刺激し、記憶力を高めるのにも優れた方法です。

毎日の生活で慣れ親しんだものを指さして名前を言うことのできる図鑑は、言葉の発達を促すのに非常に有効です。18カ月から2歳の子どものほとんどは、短めの簡単なお話が大好きですので、1ページに1~2行書かれた本を選んでください。この月齢の子どもは、振り付きの童謡も大好きです。アクションと歌詞の両方を覚えて、正しいタイミングで行わなければいけないため、記憶力の発達にも役立ちます。

クリエイティブな遊び

絵の具、クレヨン、粘土などを使ってクリエイティブな遊びをすると、色や形や触感を学び、集中力を高めながら、想像力や手と目の協調運動の能力を発達させることができます。1~2歳の頃は、まず指に絵の具をつけてお絵かきをさせましょう。次は簡単な木版やスポンジを使って描かせます。そして大きめの絵筆へと移行していきましょう。筆を握るのが上手になると、以前は染みの塊のようだった絵が、筆遣いの感じられる絵に変わっていきます。2~3歳になると、形のあるものが絵に登場しだし、家や花や人などを描き始める子どももいます。

初めてのお絵かきには、太めのクレヨンを使わせてみてください。最初は左右に殴りがきをするだけですが、目と手の協調運動や、物を握る力、手の動きをコントロールする能力が発達すると、殴りがきのようなものから丸い形が増え始めます。2歳を過ぎた頃には、細めのクレヨンが使えるほど手の動きをコントロールする力が発達しているはずです。簡単な形を描いたり、色鉛筆でぬり絵をすることもできるでしょう。4歳になる頃には、子どもになじみの深い人や物をまねて描くことができるようになります。

子どもは粘土の感触が大好きです。1～2歳の頃は、引っ張ったり、叩きつけてこねたりしていれば満足です。粘土用の押し型は、形やサイズの違いを理解させるのに最適です。2歳を過ぎて想像力が豊かになり、手先が器用になると形のあるものを作り始めます。

おままごと

子どもの想像力を伸ばし、自分の考えや気持ちを表現するのに、おままごとが役に立ちます。1歳を過ぎると、ぬいぐるみや大人が使う道具を模した玩具を使ってごっこ遊びを始めます。テディベアやお人形をお風呂に入れて、ごはんを食べさせたり、おもちゃのベビーカーに乗せてお散歩に行くふりをしたりします。人が家に遊びに来たら、その想像上のティーパーティーに招待されます。想像力が発達してくると、ごっこ遊びを、感情を表現する場として使うこともあります。子どもが腹を立てていたり、ストレスを感じていたりするときは、テディベアが急に叩かれたり、飲み物をもらえなかったりする一方、別のテディベアに抱っこやキスをしたりします。
2歳を過ぎると、コスチュームを着て、友達と一緒に本やテレビの好きなキャラクターになったり、覚えている場面に出てくる登場人物の役を演じたりしながら、もっと複雑な遊びを考え始めるようになります。ロールプレイは、状況を把握し想像力を働かせて、問題の解決策を見つける能力を養うのに非常に優れています。

知育玩具

ジグソーパズルや形合わせ、絵合わせ、デュプロやレゴといったブロック玩具などはすべて、子どもの問題解決能力を育み、心の発達を促すおもちゃです。集中力を高め、目と手の協調運動の能力も向上します。二つのものをはめ合わせるときに、イライラすることもありますが、どれがどこにはまるか、そして何と何が組み合わさるかを考えていることがすべて、学びのプロセスです。答えをそのまま教えるのではなく、消去法を使って答えの導き出し方を示して、子どものフラストレーションを減らしてあげてください。

友達と遊ぶ

2歳の誕生日が近づいてくると、「隣に立って遊ぶ」のではなく実際に他の子と「一緒に遊ぶ」

ようになります。友情関係を築くための能力が備わってきているためです。一番わかりやすいのは4〜6語をつなげて文章を作り、自分の考えや気持ち、してほしいことを伝えることができるようになることです。運動神経が発達し、指先を使って行う作業も劇的に上達してきます。走ったり、ジャンプをしたり、ものをキャッチしたりする遊びも上手にできるようになってきます。

年齢の近い子どもと一緒に遊ぶと、コミュニケーション能力が向上し、ものの貸し借りや、グループに入って遊ぶための協調性を養うことができます。年齢が同じ子どもと短時間一緒に遊ぶ機会を設けたり、少人数のプレイグループに連れて行って、友達を作る練習をしておきましょう。ぬいぐるみを使っておままごとをし、「クマちゃんは、いつもあなたがジュースを分けてくれるから、とってもうれしそうね」「優しく抱きしめると、お人形も喜んでいるね」などと言いながら、思いやりの気持ちを育てましょう。

同様の内容の本や動画を見せて、相手を優しくいたわる行動を促すようにしてください。おもちゃの貸し借りの練習をして、言われなくても上手にできたらたくさん褒めてください。表にもう1段追加して、思いやりのある行動をとれたときには、ご褒美シールをあげてください。

おもちゃの貸し借り

どんな子どもも学ばなければいけないのが、分け合う気持ちです。それを学ぶための一番の方法は、他の子と定期的に遊ぶ機会を設けることです。2歳になるまでは、他の子と隣同士に並んで遊んではいても、一緒に遊んでいるわけではありません。2歳を過ぎて初めて、他の子どもたちと一緒に遊ぶ兆しを見せるようになります。この時期に、1~2人の少人数の友達と遊ぶ機会を設けると、ものの貸し借りや、順番を守ることを自然と教えることができます。子どもの数が少ないと場をコントロールしやすいため、泣いたりやんちゃを言うこともあまりないはずです。友達を呼ぶときは攻撃的な子どもやきき分けの悪い子どもは避けてください。年齢が少し上で、遊んでいるときに貸し借りをすることが大事なことだとわかっている子どもを誘うとうまくいきます。

友達が好きそうなおもちゃがどれかを前もって話し合って、子どもに心の準備をさせましょう。一緒に遊んでいるときに、他の子が遊んでいるおもちゃを独り占めしたくなった場合は、無理やりおもちゃを返させるようなことはせず、代わりに、その子を違う場所に連れて行って、他に気に入りそうなおもちゃを探して渡してください。小さな子どもは無視されるのが大嫌いです。無理強いするよりも、この方法のほうがかえっておもちゃを返す確率が高くなります。

おやつの時間になったら、まずは友達に先に渡すように働きかけて、他の人を思いやる行動が見えたら、あなたが喜んでいることを必ず伝えてください。友達と仲良く遊べた日は、表にご褒美のシールを貼って、いい行いを応援してあげてください。

テレビやビデオ

見るものをきちんと選んで時間を制限すれば、テレビやビデオは子どものもって生まれた好奇心を刺激し想像力を育んで、語彙力を増やすのに、役に立つでしょう。しかし、テレビやビデオの見すぎは逆の効果があり、言葉や社会性の習得を大きく妨げ、幼児期だけでなく、その後の人生でも運動不足になりやすいと示す研究が多くあります。暴力的なシーンがあるアニメを見ると、子どもがまねをすることがあり、実際に見た番組の内容のせいで子どもが攻撃的になっているのを目撃したことがあります。お世話をしてきた家庭でも、アニメやビデオを1日に2〜3回見ている子どもは、視聴回数を制限されて年齢に合ったものだけを見ている子どもよりも、確実に癇癪や攻撃的な振る舞いが多いようでした。

テレビやビデオを見ることから得られる利点や、テレビ漬けにならない方法を次にまとめましたので、参考にしてください。

●テレビを見せる時間と回数をきちんと管理しましょう。4歳未満であれば、1日に1〜2回、約

20分ずつの視聴で十分だと思います。ランチのあとのお昼寝を卒業した子に、短時間テレビを見せて、ママが忙しい朝から回復するための時間にしてください。

●可能なときは、テレビやビデオを見ているときに隣に座って、ストーリーについて話し合いましょう。登場人物が悪いことをしていたり、暴力を振るっているときは、なぜそういうことをしてはいけないかを説明してください。

●見せる番組を吟味しましょう。アニメは暴力的なシーンが含まれていることも多いため、見すぎに注意しましょう。

●テレビ番組は録画したものを見せましょう。お菓子やおもちゃの広告を見ないように早送りすることができます。

一日の組み立て方

1~2歳になると、しっかりとした自我が芽生えてきます。歩いたり話したりする能力が発達してくると、自立心が旺盛になって、その子の人となりがはっきりと表れてきます。この年齢の子どもとの毎日はめまぐるしく過ぎていきます。子どもは、自分がどう振る舞うかで、他の人の反応が変わることに気付き始めます。子どもが退屈しないように常にやることを見つけるのは、親にとって大仕事です。

身体的にやりたくてもやれないことが多く、気持ちや欲求をうまく伝えられるほど言葉が発達していないこの年齢は、おそらく子どもにとって一番ストレスのたまりやすい時期だと思います。急速に成長するこの時期は、遊びやお出かけを通して、歩き方や、話し方、そして他の子どもとの付き合い方を学んでいきます。

遊びやアクティビティは、子どもの心に刺激を与えて、さまざまな能力を養う上で不可欠なものではありますが、何をしたのかをゆっくり振り返ることのできる静かな時間を確保できるように一日を組み立てることが重要です。育児の専門家の多くが、子どもに四六時中なんらかのアクティビティをさせている親は、子どもを「燃え尽き症候群」の危険にさらしており、疲れから回復するための時間を十分与えていないと主張しています。

私の経験では、心身ともに多くのことを同時に学んでいる1歳〜2歳半の子どもが、もっとも大きなリスクを抱えていると思います。

子どもには、その子独自の成長ペースがあります。日中、静かに過ごす時間と、たくさんのアクティビティに参加する時間のバランスをうまくとる必要があります。一日の予定を組むときには、友達と遊ぶ約束やお出かけがある日は、静かに過ごせる時間も確保するようにしましょう。また、想像力を働かせてひとりで遊ぶ時間を1日おきに設けるようにしてください。おもちゃの数が多く、常に楽しみや刺激を与えられている子どもは、退屈するのも早く、どんどん手がかかるようになります。

また、常に遊ぶものを親が用意するのではなく、短時間ひとりで遊ぶ時間を作ることが重要です。常にママから手をかけてもらうのに慣れてしまっている子どもは、まずひとりでおもちゃで遊ばせ、3〜4分後に様子を見に行きます。最終的に15〜20分ひとりで楽しく遊べるようになるまで、少しずつその時間を延ばしていきましょう。

第4章　1・2・3歳児のスケジュール

1歳になると、日中必要な睡眠の量が少しずつ減ってきます。プレイジムの下に寝転んだり、外を眺めながらベビーカーに座ったりしているだけでは満足できず、いろいろなアクティビティに参加する必要が出てくる時期ですが、お昼寝の量が減ったおかげで、お出かけに合わせてスケジュールを調整するのがぐっと楽になります。運動神経や認知能力もどんどん発達し、自分の周りの世界を探索したいという欲求が自然と芽生えてきます。この年齢の子どもにとって必要な心と体の発達を促すために、友達と遊んだり、習い事のクラスに参加したりするのは、理想的な方法です。この先何年も続いていく友達の輪を形成することもできます。

しかし、日中のスケジュールはきちんと管理する必要があります。1年目はよく眠っていた機嫌のよい赤ちゃんが、2年目になると急に睡眠の問題を抱えることがあります。子どもが疲れすぎることがないように、睡眠時間を管理するのがとても大切です。この時期の睡眠トラブルのもっとも大きな理由は「疲れすぎ」なのです。そして疲れすぎの一番の理由が、「お出かけのしすぎ」です。あまり忙しくない日を作って、お出かけで子どもが疲れすぎないようにスケジュール管理をしてください。

1〜2歳の間に睡眠がうまくいかなくなるもう一つの理由は、日中に必要な睡眠の量が減っているのに親が気付かない場合です。こうなると、夜の睡眠に影響が出てきます。1歳になる頃には、夜の睡眠と2回のお昼寝を合わせて、ほとんどの赤ちゃんが1日平均14〜15時間寝ています。しかし幼児期に入ると、必要な睡眠時間は少しずつ減って、夜の睡眠と1回のお昼寝で、平均13〜14時間になります。睡眠時間が減っても大丈夫な兆しを見逃さなければ、睡眠問題に発展するのを防ぐことができます。

お昼寝の時間を減らす準備ができているかどうかを、次のポイントを参考に決めてください。

- ほとんどの子どもは、15〜18カ月になると、睡眠時間が減る兆しが見える。この時期より少し早くその兆候が表れる子どももいる。
- 9時30分に朝のお昼寝をさせようとしても、寝つくのにどんどん時間がかかるようになる。または、寝つきはよくても、15〜20分すると起きてしまう。
- 午前中のお昼寝でよく眠ると、ランチタイムのお昼寝の時間が短くなる。
- 夜寝つくのに時間がかかるようになる。または、朝早く目を覚ますようになる。

これらの兆候を見逃さなければ、夜の睡眠に影響が出ないように、お昼寝の時間を管理することができるはずです。

12カ月以降のジーナ式スケジュール

ジーナ式スケジュールを使ったことのない方から連絡がきて、1歳を過ぎてから始めては遅すぎないかと聞かれることがよくあります。遅すぎるということは決してありませんが、確実に大変ではあります。というのも、母乳でもミルクでも、「ディマンド・フィード」(訳注：欲しがるときに欲しがるだけあげる赤ちゃん主導型の授乳法)で育てられている子どもが大多数なため、ひとりで寝つくことができないからです。日中は通常、車の中やベビーカーに乗せられているときしか自分で寝つくことはなく、夜は抱っこされたり授乳をされなければ、眠りにつくことができません。そして私が相談を受けた子どもはみんな、必ず夜中に数回目を覚まして、抱っこや授乳をしなければ眠りに戻ることができませんでした。

1年目はなんとか望みをつないで、「1歳のお誕生日がきて歩き始めれば、体力を使い果たして、ベビーベッドでひとりで寝つくようになるに違いない」と耐えることもできます。けれども、ほとんどの場合、そうはなりません。実際は、さらに疲れがたまるようになって、もっと寝つきが悪くなることがほとんどなのです。ゆらゆら抱っこをしながら赤ちゃんを寝かしつけるのは大変ではありますが、できなくはありません。しかし、ごそごそ動き回る疲れ果てたトドラーを抱きかかえて寝かしつけるのは、ほぼ不可能です。

私はまず、日中の授乳と睡眠時間を管理するようにアドバイスしています。寝かしつけられることに慣れているため、自分で寝つくことはできませんが、寝る時間を管理することが、ジーナ式を軌道に乗せるための第一歩となります。

これからジーナ式を始めようと思っている場合は、次のアドバイスを参考にしてください。

●この章を読んで、子どもの年齢に合ったスケジュールを選び、その通りに食事と睡眠の時間を組み立ててください。現時点では、今まで通りの方法で寝かしつけを行う必要があります。授乳や抱っこ、ドライブ等の方法を使っていた場合は、それを続けてください。しかし、時間はスケジュールを参考にしてください。

●1歳を過ぎると、1日に最低350ミリリットルから最高600ミリリットルのミルクを飲む必要があります。もしもこの量を超えている場合は、食事の量が足りていない可能性があります。これが続くと夜中の授乳が必要になるという悪循環に陥りますので、ミルクの量を少しずつ減らして、食事の量を増やしてください。しかし、お昼寝の時間が定着するまでは、夜の寝かしつけにミルクを飲ませるのは続けてください。日中のミルクの飲みすぎの問題が解決する前に夜中の授乳をなくそうとすると、おそらく一晩中お腹をすかせて泣き続けることになります。次の日は疲れきって起こしておくのが難しくなるため、時間通りにお昼寝させることはできなくなります。

●ミルクを飲ませて寝かしつけていた場合は、お昼寝の時間がスケジュール通りに定着したら、お昼寝の前に飲ませるミルクの量を減らしていきましょう。母乳の場合は、おっぱいを飲ませる時間を少しずつ短くしてください。粉ミルクであれば、量を減らすか、水で薄めて飲ませてください。夜に目を覚ましたときには、これまで通りの方法で授乳して寝かしつけることが重要です。すでにお話しした通り、この段階では夜中に長時間起こしておいてもいいことはありません。

●4〜5日すると、食べる量が少しずつ増えてくるはずです。そうなったら、夜中に目を覚ましたときに、1回は、母乳を飲ませる時間を短くしてみましょう。粉ミルクの場合は、量を減らすか、水で薄めたものをあげてください。年齢に合わせて何を食べさせればいいかわからなければ、26〜28ページのアドバイスを参考にしてください。

●夜中の授乳で1回量を減らすことができたら、次に目を覚ましたときは少し多めに授乳するようにしてください。こうすることで、目を覚ましている時間を短くすることができるはずです。夜中に目を覚ますのが一度になったら、お水か抱っこで寝かしつけられるようになるまで、少しずつ授乳量を減らしていきましょう。

●2週間以内には、お昼寝の時間が定着し、食事の量も増えて、お昼寝の前の授乳量は減っているはずです。夜中に起きる回数も減っているでしょう。この状態になったら、お昼寝と就寝時は、目を覚ました状態でベビーベッドに連れて行き、授乳や抱っこなしで寝かしつけてみましょう。泣き始めると思いますが、10〜20分以内には泣きやむはずです。夜中に目を覚ましたときも、10〜20分は様子を見て、自分で寝つくのを待ちましょう。それでも寝つかないときは、「ねんねトレーニング」が必要かもしれません。「コントロール・クライ・メソッド」を含めた2種類の方法が人気です。睡眠の専門家からねんねトレーニングに関してアドバイスをもらうこともできます。同じ時間に眠る習慣は付いていますので、どのねんねトレーニングを選んでも、7〜10日以内に効果が出るはずです。

子どもに合わせてスケジュールを調整するには

私の経験上、「朝7時から夜19時」がほとんどの子どもに合う一番理想的なスケジュールだと思います。しかし、週末にのんびり朝寝坊をしたり、夜少しだけ長く起こしておいたりできるように、親がスケジュールを調節することも可能です。

スケジュールを変えるときに考えてほしいのは、のちのち午前中に定期的に習い事や保育園に通うようになると、すべてのスケジュールをこなすには、いずれにしても7時に起きなければいけなくなるという点です。18カ月以上の子を7時過ぎまで寝かせていると、朝は大急ぎで支度をしなければいけなくなるため、親が子どもの着替えを手伝うことになります。

しかし、自分で着替える練習の機会は作ってあげなければいけません。18カ月までに自分で着替えができるようになることの重要性は、20ページで説明した通りです。次のようにスケジュールの変更もできますが、なじまない子もいますので注意しましょう。

朝7時から夜19時のスケジュール

私の著書『赤ちゃんとおかあさんの快眠講座』の7～19時のスケジュールを厳密に守ってきた赤ちゃんは、通常まず午前中のお昼寝を卒業します。午前9時～9時30分に寝かせようとしても、寝つくのにどんどん時間がかかるようになります。寝ても10～15分で目を覚まし、ランチタイムのお昼寝まで機嫌よく起きていられるようになったら、午前中のお昼寝は卒業することができます。

ほとんどの子どもは、2歳になるまでは、ランチタイムのお昼寝は2時間必要です。18カ月前後になると、この時間のお昼寝が短くなる子もいます。2時間眠る日もあれば、1時間半で起きてしまう日も出てきます。

2時間より前に目を覚ましてもベビーベッドでひとりで遊んでいる場合は、急いで駆けつける必要はありません。ひとりで静かに遊ぶのに慣れている子どもは、睡眠の代わりに静かな時間を過ごすことでリフレッシュする方法を学びます。大きくなってお昼寝をしなくなったときに、これができると非常に役に立ちます。

午前8時スタートに変更するには

子どもが1歳になるとスケジュールのスタートを8時に変更する親が増えるようです。平日は7～19時のスケジュールで、週末の朝のんびり過ごしたいときに、8～19時のスケジュールになる家庭もあります。

もちろんこのスケジュールは、7時になっても目を覚まさず起こさなければいけない子や、7時に目を覚ましても再び寝つける子でなければうまくいきません。部屋が暗いと、うまくいくことが多いようです。18カ月未満の子どもの場合、7〜19時のスケジュールでは午前中のお昼寝をしているとしても、8時まで眠った日はこの時間のお昼寝は省いてください。2時間のお昼寝を12時30分には開始できるように、ランチの時間を少し早める必要があります。

28カ月以上で8時まで寝ている子は、13時まで起きていられると思いますので、就寝時間を19時にしたければ、お昼寝は1時間半以内に抑えてください。

夜19時30分または20時就寝に変更するには

両親が仕事をしている場合はよくこのように調整されます。仕事から戻ったあとに、子どもと一緒に過ごす時間を少し長くもてるためです。うまくいくことも多い一方で、子どもが疲れやすくなりますので、どんなに短くても午前中のお昼寝を続けるようにしてください。

こうすることで、ランチタイムのお昼寝の開始時間を午後13時にすることができます。午前中に短めのお昼寝をして、ランチタイムのお昼寝時間を遅らせることで、19時30分から20時の就寝時間まで機嫌よく起きていられるようになります。このスケジュールでは子どもが疲れてしまうときは、1日おきに就寝時間を少し早めるようにしてください。

【12～18カ月のためのスケジュール】

7時～7時30分

◎通常、午前6時30分から7時に目を覚まします。おむつを替えて、母乳かトレーニングマグで全脂肪乳をあげて、その後、朝食を始めます。

8時～8時30分

◎ママが雑用をすませる間、短時間はひとりで楽しく遊ぶことができるはずです。洗濯をすませたり、昼食の支度をしたりする時間などに充てることができます。

◎歯磨きをさせて、まだすんでいない場合は洗顔や着替えをさせましょう。

9時～9時30分

◎起きた時間に合わせて、15分から30分の短いお昼寝をさせてください。公園やプレイグループに向かう途中の車やベビーカーの中で眠らせることもできます。ランチタイムのお昼寝がうまくいくように、30分以上眠らせないようにしてください。

◎朝食が早かった場合は、お水か薄めたジュース、それに小さく切ったフルーツをあげる必要があるかもしれません。ただし、10時以降は食べさせないようにしましょう。

10時

◎この時間は、子どもが一番元気な時間帯ですので、退屈しないように、なんらかのアクティビティを計画しておきましょう。公園やプールに行ったり、家の近くにある習い事のクラスに参加して、エネルギーを発散させましょう。お出かけができず、家の中や庭で遊ばせる場合は、一緒に遊ぶ時間を作りましょう。

11時30分

◎そろそろ疲れて、お腹もすき始める頃です。ランチを準備する時間があるように、余裕をもって家に帰りましょう。

12時

◎ランチを準備する間にぐずり始めたら、フルーツや野菜のスティックを与えてください。お水や薄めたジュースは、食事をほとんど食べ終えたところであげてください。

◎食事が終わったら、あなたが片付けをする間、ハイチェアに座らせたまま、フルーツやチーズを食べさせましょう。食べ物に興味を示さない場合は、おもちゃや本を渡してひとりで遊

4-1 12〜18カ月のスケジュール（目安）

食事の時間	お昼寝時間
朝食 7時〜7時30分	**午前** 9時30分〜10時
昼食 12時	**午後** 12時30分〜14時/14時30分
夕食 17時	**※お昼寝時間の上限** 2時間

んでもらいます。

◎ハイチェアに座らせている間は、目の届く場所にいるようにしましょう。

12時30分

◎そろそろ眠くなってくる頃です。長いお昼寝に入る前に、手と顔を洗って、おむつを替えましょう。

◎最長2時間のお昼寝が必要です。7時〜7時30分まで寝ていて、午前中に30分のお昼寝をした場合は、この時間のお昼寝は少し短くなるかもしれません。

14時30分〜15時

◎母乳、牛乳、もしくは薄めたジュースを飲ませてください。

◎おやつとして、フルーツを少量食べさせましょう。

15時

◎午前中に体を使ってたくさん遊んだ日は、午後はのんびり過ごせる遊びを考えてください。静かに午前中を過ごした日は、午後は少し体を動かす遊びをさせるようにしましょう。その前にどんな一日を過ごしていても、天気がいい日は、夕食の前に公園に軽くお散歩に行ったり、庭で遊ばせたりして、新鮮な空気を吸わせるようにしましょう。

17時

◎夕食の前に、それまで遊んでいたおもちゃのほとんどを片付けるようにしましょう。体力のある子は、夕食を食べると再び元気になって、おもちゃがたくさんあるのを見るとお風呂に入るのを嫌がることがあります。また、就寝時間には疲れてぐずり始める子どももいるため、その時間におもちゃを片付けさせるのはひと仕事です。

◎食事の前は必ず手を洗わせてください。とくに外で遊んだあとは忘れないようにしましょう。ランチでたんぱく質をしっかり含んだ食事をした場合は、夕食は簡単なもので構いません。スープやサンドイッチ、パスタ、または手で食べられるものを数点用意しましょう。夕食と一緒にお水、牛乳または薄めたジュースを飲ませてください。ただし、飲み物は食事をほとんどすませたところであげるようにしましょう。

17時45分〜18時

◎就寝時間が19時より遅い場合でも、夕食が終わったら早めに就寝準備を始めましょう。自分で服の脱ぎ着ができる頃です（助けが必要な場合もあります）。この年齢の子どもは着替えに時間がかかりますが、急かされると機嫌が悪くなることが多いため、辛抱強く待ちましょう。汚れた服を洗濯かごに持って行き、次の日の服を用意して並べておくように教えましょう。18カ月近くなると、短時間おまるに座りたがることもあるかもしれません。これらのことはすべて、子どもの学ぶ力や、自立心、自主性を育んでくれます。あなたが子どもの様子を見てイライラし始めることがないように、十分に時間に余裕をもって就寝準備を進めてください。

◎通常、赤ちゃんよりも子どものほうが入浴に時間がかかります。筋肉をコントロールする力や、目と手の協調性が発達したおかげで、お風呂で遊ぶようになるからです。ボディー用スポンジやガーゼを渡して、自分で体を洗う方法を教えてください。

◎体を拭いてクリームを塗り、パジャマを着るのに10～15分はみてください。これらのことをすべて自分でできるようにサポートしてあげてください。

◎可能であれば、就寝前の牛乳や絵本を読むのは、あとで移動をしなくてもすむように、居間ではなく寝室で行うようにしましょう。

18時30分～19時

◎着替えがすんで就寝準備が終わったら、寝る時間だとわかるように電気を少し暗くしてください。好きな本を選ばせて、ページをめくらせたり、物の名前を言わせたりして、読み聞かせに参加させましょう。

◎飲み物を飲んで、読み聞かせをするのに15～20分かけてください。しかしこれ以上時間をかけると、目が冴《さ》え始めて寝つくのが難しくなります。寝かしつける前に必ず歯磨きをすませ、決してベッドで眠りながら牛乳を飲ませてはいけません。牛乳がなければ寝つけなくなる上に、虫歯の大きな原因となります。

◎この時間になると、ひとりになるのが嫌で、ママやパパにくっついて離れない子どももいます。リラックスできる音楽や童謡をかけると、寝つきがよくなることが多いようです。

食事について

子どもが1歳になったら、牛乳を含めたすべての飲み物はトレーニングマグで飲ませるようにしてください。1日に最低350ミリリットルから多くて600ミリリットルの牛乳を摂取する必要があります。1～2歳になると、自然と成長のスピードがゆっくりになって、突然食べる量が減ることもよくあります。これは極めて普通のことですが、いまだに食べ物をすべて(またはほとんど)裏ごししていたり、哺乳びんから牛乳を過剰に飲んでいる場合は、問題となります。私の経験上、1歳を過ぎると哺乳びんにより依存しやすくなり、15カ月を過ぎるとやめるのが非常に難しくなることがあります。

まだ哺乳びんを使っている場合は、すぐにやめて、フィンガーフードの量を少しずつ増やすようにしてください。食事は軽くつぶしたり、みじん切りにしたり、薄切りにしたものを出すようにしてください。

食事の時間が常に子どもとの戦いの場になってしまっている場合は、25〜28ページのアドバイスを参考にして対処してください。12〜18カ月の1日の食事の例を記載します。

●朝食

母乳、または150〜180ミリリットルの全脂肪乳をトレーニングマグで飲ませる

牛乳とフルーツの入ったシリアル、

またはバターとジャムを塗ったトーストに、小さく切った（もしくはつぶした）フルーツが添えられたオーガニックのヨーグルト

●午前中のおやつ

お水か薄めたジュースをトレーニングマグで飲ませる

フルーツを少量

●昼食

チキンの煮込み料理にライス、

またはクリームソースと魚のパスタ、付け合わせにニンジンとトウモロコシ、
またはツナのリゾットに野菜の付け合わせ、
ヨーグルト、フルーツ、チーズ
お水か薄めたジュースをコップで飲ませる

●午後のおやつ
お水か薄めたジュースをコップで飲ませる
少量のフルーツかライスケーキ、プレーンビスケットなど

●夕食
ベジタリアン・ピザとサラダ、
またはミネストローネスープとサンドイッチ、
または野菜入りのクリームソースであえたパスタ
オーガニックのヨーグルトにつぶしたフルーツをのせて、
またはキャロットケーキかバナナケーキ
全脂肪乳を120ミリリットル、もしくは薄めたジュースかお水をコップで飲ませる

●就寝前

母乳または全脂肪乳180ミリリットルをトレーニングマグで飲ませる

睡眠について

夜11〜12時間眠っている子どもも、引き続き2回に分けて2時間〜2時間半のお昼寝をする必要があります。しかし、18カ月になると、お昼寝は一度で十分になるはずです。このお昼寝はランチのあとに行うのが理想です。長いお昼寝を午前中にしていると、午後を乗り切ることができません。夜と2回のお昼寝でまだぐっすり眠っている子どもも、18カ月を過ぎたら、少しずつ午前中のお昼寝の時間を短くしていってください（とくに数カ月後に保育園が始まる場合など）。

18カ月を過ぎても1日に2回お昼寝をしている子どもは、保育園が始まったときに急にお昼寝が1回になると、慣れるのに苦労することが多いようです。他の子どもよりも長い睡眠時間が必要な子どもは、1日に2回のお昼寝を続けるよりも、朝の起床時間を少し遅らせるようにしてください。

成長・発達について

子どもの運動神経や手先の器用さは、この時期に急に発達します。どんどん手が離れて、食事や着替え、歯磨きを自分でしたがるようになります。いつもきちんとできるわけではありませんが、常にやる気を尊重し、やり方を学ぶ機会がきちんとあるように、食事や就寝準備は時間に余裕をもって行いましょう。1歳で家具につかまりながらつたい歩きを始め、18カ月には安定して歩けるようになります。喃語《なんご》で話したり、あなたの言葉を繰り返し言ったりするだけだった子どもが、一語文を話すようになります。語彙が増えるにつれて、二語、三語と単語をつなげて話し始めます。

この時期の発達を促すためにできることを次にまとめましたので、参考にしてください。

- 牛乳や飲み物は、すべてトレーニングマグで飲ませましょう。
- スプーンを使って食事をさせましょう。「次は何を食べたいかな」と質問して、ポテト、ニンジン、カリフラワー等のさまざまな種類の食品の名前を学ばせてください。
- 自分で着替えをさせて、汚れた服を洗濯かごに持って行かせましょう。
- 歯磨きや洗顔、体洗いは自分でさせるようにしてください。お腹やひざはどこかをたずねて、その部分を洗うように言うと、体の名前を覚えることができます。
- 階段を上るときは手をつなぎましょう。下りるときは、後ろ向きに四つんばい、もしくは、お尻から1段ずつ下りる方法を教えてください。

発達を促すおもちゃや遊びを次にまとめました。

- 太めのクレヨンやチョーク

●形合わせのできるシェイプソーターや簡単なパズル
●粘土
●身の回りにあるものが描かれた簡単な絵本を使って、ものを指でささせたり、名前を覚えさせると、言葉の発達や集中力を養うのに役に立ちます。仕掛け絵本で隠れた絵を探したり、感触が楽しめる本を触らせたりすると、想像力を培うことができます。18カ月になると、簡単なストーリーの絵本や、振り付きの童謡の本を楽しめるようになります。新しい単語を教えるときは、必ず口の動きが見えるような距離で、ゆっくりとはっきりした口調で話すようにしてください。一度にたくさん新しい言葉を教えないようにしましょう。二語から三語を集中的に教えて、日々の会話で何度も使うようにします。習得したら、また新しい単語をいくつか選んでください。
●週に2回ほどアクティビティに参加すると、子どもはぐっと成長します。他の子どもと一緒に遊び、行動を観察することで、次第にどのように他の子どもと接すればいいかを学んでいきます。週に一度の水泳教室は、運動神経を鍛え、有り余った体力を発散させるのに最適です。
●足元が安定したら、かくれんぼは非常に素晴らしい遊びです。エネルギーを発散することができるだけでなく、新しい隠れ場所を考えることで、想像力や記憶力を伸ばすことができます。
●三輪車や手押し車や動物の形のプルトイ、おもちゃのベビーカーや掃除機などは、バランス感覚や運動神経、ものを操作する力を伸ばしてくれます。後ろを見ながら前に歩いたり、横歩きをしたり、後ろ向きに歩いたりする方法も学ぶことができます。またこれらのおもちゃで日常的に目にする動作をまねして、ロールプレイをしながら想像力や記憶力を高めるのに役に立ちます。

●振り付きの童謡は、身体的協調能力と同時に記憶力や言語能力を伸ばすことができます。

●お人形やぬいぐるみ、おままごとの食べ物やティーセットなどを使ったごっこ遊びは、「一緒に使う」というコンセプトを理解させるのにとても役に立ちます。ごっこ遊びのときに自分のおもちゃをどう使っているか、他の子どもとどう交流しているかは、子どもの心情を表現していることもあります。ごっこ遊びやロールプレイを通して想像力を働かせることができる子どもは、大きくなったときに、問題に対する解決策を見つけるのが得意になります。ファスナーやボタン、フックなどの付いた着せ替え人形は、自分の着替えのための練習にもなります。

【18〜24カ月のためのスケジュール】

7時〜7時30分

◎通常、朝6時30分から7時の間に目を覚まします。おむつを替えて、母乳か全脂肪乳（トレーニングマグを使う）をあげてください。その後、朝食を始めます。

◎食事の前後に、自分で手洗いをさせましょう（お手伝いが必要です）。

8時〜8時30分

4-2 **18〜24カ月のスケジュール（目安）**

食事の時間	お昼寝時間
朝食 7時〜7時30分	
昼食 12時〜12時30分	**午後** 12時30分/13時〜14時/15時
夕食 17時	**※お昼寝時間の上限** 2時間

◎ママが雑用をすませる間、短時間はひとりで楽しく遊ぶことができるはずです。朝食を片付けたり、洗濯をすませたり、昼食の支度をしたりする時間などに充てることができます。

◎歯磨きをさせ、まだすんでいない場合は、洗顔や着替えをさせましょう。この時期には着替えはほぼすべて自分でできるはずですが、ボタンなどは助けが必要です。

9時30分〜10時

◎起床時間と朝食の時間によっては、少量のお水か薄めたジュース、それに小さく切ったフルーツが必要かもしれません。

◎ランチの時間にしっかりお腹がすいているように、10時以降には飲み物、おやつはあげないようにしてください。

10時

◎この時間は、子どもが一番元気な時間帯ですので、退屈しないように、なんらかのアクティビティを計画しておきましょう。公園やプールに行ったり、家の近くにある習い事のクラスに参加したりして、エネルギーを発散させましょう。お出かけができず、家の中や庭で遊ばせる場合は、一緒に遊ぶ時間を作りましょう。

◎週に1〜2回、プレイグループや他の子と遊ぶ時間など親以外の人がお世話をする機会を設けると、保育園への入園に備えることができます。

12時〜12時30分

◎そろそろ疲れて、お腹もすき始める頃なので、ランチにします。準備する時間があるように、余裕をもって家に帰りましょう。朝起きるのが早かった日は、疲れすぎて食べなくなることがないように、ランチを10〜15分早める必要があるかもしれません。

◎ランチを準備する間にぐずり始めたら、フルーツや野菜のスティックをあげてください。お水や薄めたジュースは、食事をほとんど食べ終えたところであげてください。食事はスプーンを使ってほぼ全部自分で食べることができるはずです。ランチには必ず手でつかんで食べられるものを用意するようにしましょう。

◎メインの食事が終わったら、あなたが片付けをする間、フルーツやチーズを食べさせましょう。食べ物に興味を示さない場合は、おもちゃや本を渡して、ひとりで遊んでもらいます。

◎子ども用のテーブルやいす、もしくは大人用のいすに取り付けて使えるブースターチェア（赤ちゃん用補助いす）に座るのが好きな子どもが多いようです。食事をしているときは、決して目を離さないようにしましょう。
◎食事の前後には、手洗いさせるのを忘れないでください。

12時30分～13時

◎そろそろ眠くなってくる頃です。長いお昼寝に入る前に、手と顔を洗って、おむつを替えましょう。

◎最長で2時間のお昼寝が必要です。朝7時～7時30分過ぎまで寝ていた場合は、この時間のお昼寝は少し短くなるかもしれません。

14時30分～15時

◎母乳、牛乳もしくは薄めたジュースをコップで飲ませてください。
◎おやつとして、フルーツを少量食べさせましょう。

15時

◎午前中に体を使ってたくさん遊んだ日は、午後はのんびり過ごせる遊びを考えてください。
午前中を静かに過ごした日は、午後は少し体を動かす遊びをさせるようにしましょう。その前にどんな一日を過ごしていても、天気のいい日は夕食の前に公園に軽くお散歩に行ったり、庭で遊ばせたりして、新鮮な空気を吸わせるようにしましょう。
◎夕食の前に、それまで遊んでいたおもちゃを片付けるようにさせてください。

17時

◎少量のお水や牛乳をコップであげるようにしましょう。就寝前の授乳はまだ必要ですので、この時間に飲ませる量は最低限に抑えてください。
◎食事の前は必ず手を洗わせてください。
◎必ず手でつかめるフィンガーフードを出すようにしてください。
◎食事が終わったら「ありがとう」と言わせるようにしましょう。空のお皿やコップをシンクに運ぶのを手伝わせてください。

17時45分

◎夕食が終わったら早めに就寝準備を始めましょう。この年齢の子どもは、夕食を食べると再び元気になって、おもちゃがたくさんあるのを見ると遊び始めようとすることがあります。
◎手をつないでいれば、自分で1段ずつ階段を上って寝室に行くことができるはずです。
◎お風呂に入るために、服はほぼすべて自分で脱げるはずです。汚れた服を入れる洗濯かごの場所も教えておいてください。

◎入浴の準備をしている間、短時間おまるに座らせてみましょう。

◎体を拭いてクリームを塗るにはまだサポートが必要です。おむつをはかせたら、パジャマは自分で着させてください。ボタンはお手伝いが必要です。

◎次の日の服を2パターン用意し、好きなほうを選ばせて、並べて置いておきましょう。

18時30分〜19時

◎寝る時間だとわかるように電気を少し暗くしてください。好きな本を選ばせ、読み聞かせに参加させましょう。1ページに1〜2行の簡単なストーリーの本であれば理解できるはずです。ページをめくらせたり、物や登場人物の名前を言わせたりしてみましょう。

◎この年齢になると、就寝時間を遅らせたり、就寝準備の流れを変えようとしたりする子がたくさんいます。流れとは違う別のことをしようとしたり、お話や飲み物をもっと欲しいとせがんだりしても、応じないようにしてください。牛乳を飲ませるのと読み聞かせで、15〜20分以上かけないようにしましょう。ママやパパにくっついて離れない場合は、ベッドに入ったまま20分ほどお話や童謡のCDを聴かせるようにしてください。

◎牛乳はトレーニングマグで飲ませ、ベッドに入る前に必ず歯磨きをさせてください。

◎本を読むときは、いすかベッドで隣に座らせて行うのに慣れさせておきましょう。弟や妹が生まれたあと、読み聞かせと赤ちゃんの授乳時間が重なって、膝にのせて行うことができないときに備えることができます。

食事について

食事のほかに、1日に最低350ミリリットルの全脂肪乳を飲む必要があります。通常、朝と就寝前に飲み、加えて夕食時に少量飲むこともあります。この時期には牛乳を飲むのを嫌がり始める子どもが多いため、その場合は、ヨーグルトやチーズなどカルシウムの含有量が高い食品で必ず補うようにしましょう。

この時期の子どもは、食べムラがひどいこともあり、たくさん食べる日もあれば、まったく食べない日もあります。4〜6日のスパンで考えれば、ほとんどの子どもは必要な栄養量を満たしたバランスのよい食事がとれているようです。十分な量を食べているかどうか心配なときは、何を食べたかを記録して、必要な栄養がきちんととれているかを確認してください。足りていないと感じる場合は、保健師に子どもの食習慣について相談することをおすすめします。

どんな食べ物を与えているかで、子どもの食欲も大きく上下します。子ども用のヨーグルトやシリアルは、砂糖や保存料が非常に多く含まれているため、子どもの食欲に大きな影響を与え、より健康的なものを食べなくなる原因になります。食間に飲ませるジュースやおやつの量も制限してください。おやつと食事の間は2時間ほど空けて、ビスケットの代わりに、フルーツやライスケーキなどをあげるようにしましょう。ポテトチップスやソーセージ、ハムなどの塩分の多い食品はこの年齢の子どもには食べさせるべきではありません。

食事は毎回スプーンを使って、自分で食べさせるようにしてください。まだ手づかみで食べることもあるかもしれませんが、なるべくスプーンを使わせるようにしましょう。使ったときは褒め、使わなかったときもあまり口うるさく言ってはいけません。一番大事なのは、使おうと頑張る子どものやる気です。

2歳になる頃には、食事をするのにフォークとスプーンの両方を使うことができるようになり、手を使って食べることは減ってきます。ときどき、ふたのないコップやトレーニングマグから飲み物を与えてみてください。時にこぼしてしまうこともありますが、腹を立てないようにしましょう。疲れすぎてぐずるときは、粗相が起こりやすいため、コップを使うのは避けて、スパウト（赤ちゃん用の飲み口）付きのトレーニングマグを使いましょう。

食事の前に手を洗い、食後は口を拭いて、再び手を洗うようにさせてください。蛇口に手が届くように、シンクの近くに小さな台を置いておきましょう。お湯の蛇口を触ってはいけないことをきちんと教えてください。

18カ月から24カ月の間に食べる1日の食事の例として、次を参考にしてください。

●朝食
150～180ミリリットルの全脂肪乳をトレーニングマグで飲ませる

シリアルと牛乳とフルーツ、
またはスクランブルエッグとトースト、またはバターかジャムののったトースト
小さく切った（もしくはつぶした）フルーツが添えられたオーガニックのヨーグルト

●午前中のおやつ
お水か薄めたジュースをトレーニングマグで飲ませる
フルーツを少量

●昼食
さやいんげんとスイートコーンのボロネーズソースかけ、
またはチキンとマッシュルームの炒め物、
または豚肉とリンゴの煮物、またはサーモンとブロッコリーのキッシュ
ヨーグルト、フルーツ、チーズにライスケーキ

●午後のおやつ
お水か薄めたジュースをコップで飲ませる
少量のフルーツかライスケーキ、プレーンビスケットなど

●夕食
焼きそば、または野菜入りのオムレツなど
小さく切った（もしくはつぶした）フルーツが添えられたオーガニックのヨーグルト
キャロットケーキかバナナケーキ
全脂肪乳を120ミリリットル、もしくは薄めたジュースかお水をコップで飲ませる

●就寝前
母乳、もしくは全脂肪乳180ミリリットル

睡眠について

18カ月になると、ほとんどの子はお昼寝が1日に1回になります。午前中のお昼寝は卒業し、ランチのあとに1時間半～2時間の長いお昼寝をするようになります。

午前中に長いお昼寝をするのが習慣になって、午後のお昼寝がなくなってしまうと、就寝時間には疲れきって、おそらくベッドに入った途端に深い眠りに落ちてしまいます。このせいで、朝早く目を覚ますようになるかもしれません。その場合は、午前中のお昼寝の時間を2～3日おきに10～15分ずつ減らしていって、昼食後のお昼寝を復活させてください。午前中のお昼寝

が10～15分になり、昼食後のお昼寝が1時間前後になったら、午前中のお昼寝をストップします。昼食後のお昼寝が1時間半～2時間に延びるはずです。

18カ月になる前に午前中のお昼寝を卒業した場合は、昼食後のお昼寝がなくなるのも早いかもしれません。運動量によって、2時間しっかり眠る日もあれば、1時間しか眠らない日もあります。夜中に11～12時間眠っている場合は、この睡眠パターンは極めて普通です。夜の睡眠時間が減っているときは（2歳近くなるとよくあります）、お昼寝が1日1時間を超えないようにしましょう。

成長・発達について

この月齢になると、体の動きを上手にコントロールできるようになってきます。おもちゃを手に持って歩いても安定していて、ものを引っ張りながら後ろ向きに歩くこともできます。急に止まってまた走り出したり、誰かを追いかけたり、走りながら障害物をよけたりといった動きが必要なゲームにも参加することができます。高いところにあるものを取るために家具によじ登ったり、降りたりするようになります。階段の上り下りも1段ずつできるようになり、手すりにつかまりながら最後の1段をジャンプして飛び降りることもできます。ボタンやベルトやファスナーは手伝いが必要ですが、服はほぼすべて自分で脱げるようになり、部分的に自分で着ることもできるようになります。

その他、この月齢でできるようになることは次の通りです。

- ボールを投げたりキックをしたりする。
- 音楽のリズムに合わせて踊る。
- トランポリンでジャンプする。
- 三輪車など車輪の付いたおもちゃに座って、足で蹴りながら前に進む。
- ドアノブを回して、ドアを開ける。
- 目と手の協調性が発達し、小さなものを指でつまんで持ち上げたり、ページを1ページずつめくれる。線をでたらめに左右に描くだけでなく、丸や点を描くことができる。3～4ピースの簡単なパズルを楽しんだり、トンカチ遊びをしたり、おもちゃの電話で遊んだりするようになる。これらのことはすべて目と手の協応を高めるのに効果がある。

この時期になると、語彙数が急速に増えて、50以上の単語を使って話をし、2歳になる頃には、より多くを理解できるようになります。二語から三語をつなげて、簡単な短い文章を作り始めます。自分のことを名前で呼んだり、体の部位を指さしながら名前を言ったりすることができます。知っている歌や童謡は、部分的に歌ったり踊ったりできるでしょう。

コミュニケーションを楽しめる、話し上手、聞き上手な子になるように、子どもと話をするときは、わかりやすい描写を心がけてください。たくさん話しかけることで、子どもの語彙力は伸びますが、それには話している内容を子どもが消化するための時間を十分に与えなければいけません。

新しい単語を教えるときは、できるだけ普段の会話に組み込みましょう。身近な物事について話すときは、言葉遣いをできるだけシンプルにして、キーワードを何度もリピートしましょう。たとえば、「大きい」「小さい」といった単語を教えるときは、異なるものを指さして、「あの大きな・小さな車を見て」や、「大きな犬・小さな犬」などと、物と単語をつなげてください。言葉の概念を理解し始めたら、「長いしっぽの大きな黒い犬」などのように色や細かいディテールを描写しながら、表現を広げていきます。

この時期には、簡単なストーリーであれば理解できるようになっています。たくさん話をすることで、コミュニケーション能力が発達していきます。1ページに二文から三文の本を選んで、話を読みながら大事なキーワードに注目させます。登場人物や色について質問をしたり、数を数えさせたりして、読み聞かせに参加させましょう。たとえば、「犬が1匹、猫が2匹、木が3本」といった表現があったら、「じゃあ、大きいのは犬と猫、どちらかな」などと（文章には出てこないことも）質問してください。

2歳になる頃には、想像力を駆使して、毎日の生活に登場する人物や状況をまねするようになります。おもちゃを使って自分が主役の想像上の世界を創り出します。語彙力がまだ限られているこの時期は、ロールプレイが子どもの成長や発達に非常に重要な役割を担っています。ごっこ遊びのときの子どものおもちゃへの反応で、子どもが自分の周りの世界をどのように見ているかを垣間見ることができます。この種の遊びを通して、まだ完全に理解することはできないけれど少しずつ経験し始めたさまざまな感情を表現することができるのです。

　子どもは、自分の想像上の世界でひとりで遊ぶこともできますが、ママやパパが参加するとさらにメリットがあります。子どもが作り上げたゲームに参加することで、自分や他人の感情をより深く理解し、思いやりや分け合いの精神を教えることができます。

　ぬいぐるみに優しくしたり、おもちゃを丁寧に扱っているときは、たくさん褒めましょう。たとえば、「プーさんはうれしそうにお茶を飲んでいたね。だけど、かわいそうなティガーはどうかな。喉が渇いているみたいだよ。お茶とビスケットをティガーにも分けてあげたら」などと言ってみましょう。ティガーにお茶とビスケットをあげるまねをしたら、ティガーがティーパーティーの仲間に入れてもらえてどんなにうれしいか、友達に優しくできてどれほどいい子だったかを伝えてください。

　思いやりをもって大事におもちゃを使うための約束事を作りましょう。たとえば、遊び終わったあとは、それぞれのおもちゃ専用の場所に片付けます。お人形はいすに、プーさんはティガーと一緒にベビーカーに片付けます。想像上の世界でもおもちゃを大事にして、放り投げたり、遊び終わったら箱に乱暴に投げ入れたりしないように言うと、現実の世界で触れ合うものや人も大事にするようになるはずです。

【24～30カ月のためのスケジュール】

7時～7時30分

◎これくらいの月齢になると、通常6時30分～7時に目を覚まします。トイレトレーニングがすんでいる場合は、夜用のおむつを外しパンツをはかせて、朝食を始める前に数分間おまるに座らせてみましょう。この年頃の子どもは起きた瞬間におむつでおしっこをすることが多いため、長い間おまるに座らせておいても意味がありません。トイレトレがすんでいない場合は、おむつを交換してください。

◎おまるを使ったあとと食事の前に、自発的に手洗いをするようになっていなければいけません。いつも忘れてしまうときは、自分で責任をもって思い出せるように、ご褒美シールの表に手洗い用の列を足してください。

◎ランチの時間が12時30分の場合は、7時30分までには朝食を食べさせてください。牛乳と食事を交互にとってもいい時期です。コップは一口飲み終わるたびに、テーブルの上に戻すようにさせましょう。

◎朝食の片付けを手伝わせて、自分で口を拭いて手を洗うように言いましょう。

◎おむつを卒業していてもしていなくても、朝食のあとは短時間おまるに座らせるようにして

4-3　**24～30カ月のスケジュール（目安）**

食事の時間	お昼寝時間
朝食 7時～7時30分	
昼食 12時～12時30分	**午後** 13時～14時/14時30分
夕食 17時	**※お昼寝時間の上限** 1時間～1時間30分

ください。何もしなくても、おまるがどこにあるかを伝えて、おしっこやウンチがしたいときは、おまるを使うように言いましょう。

◎おもちゃで遊び始める前に、洗顔、着替えをさせましょう。まだところどころ手伝いが必要ですが、歯磨き、洗顔、着替えは自分でさせるようにしてください。

8時～8時30分

◎ママが雑用をすませる間、短時間はひとりで楽しく遊ぶことができるはずです。洗濯や昼食の支度の時間などに充てることができます。この月齢の子どもは、家事をお手伝いしたがります。自分でするより時間はかかるかもしれませんが、やる気をそがないようにしてください。

9時30分～10時

◎起きた時間によって、少量のお水か薄めたジュース、それに小さく切ったフルーツをあげてください。昼食のときにしっかりお腹がすいているように、10時以降はおやつをあげないようにしてください。
◎プレイグループや、週に数日午前中のみ保育園に通っている子どもは、そこでのおやつの時間が、私が推奨する時間より遅いと、昼食のときにあまり食欲がないこともあります。その場合は、昼食を13時にして様子を見ましょう。すでに昼食が13時で、それでもあまり食べないときは、スープやサンドイッチなど軽めの食事をあげて、夕食の量を増やしてください。

12時30分〜13時

◎午前中の予定と疲れ具合に合わせて、軽めのランチか、またはたんぱく質を含んだしっかりとしたランチを食べさせます。どちらの場合も、お食事はすべて助けや指示なしで、自分で食べられなければいけません。スプーンだけでなく、フォークも一緒に使い、スパウトなしのマグやコップで飲み物を飲ませてください。
◎飲み物は一口飲み終わるたびにコップをテーブルの上に置き、食事中はカトラリーをお皿の端に置くように教えましょう。
◎「おいしいお食事をありがとう」「ごちそうさまでした。もう席を立ってもいいですか」とお礼を言うように教えて、食事中のマナーを身に付けさせましょう。食品の名前や特徴を教えて、どうしてそれらの食べ物が体にいいのかを食事中に話し合ってください。味の違いを認識するのにも役に立ちます。これらのことは、自分の食事を作ってもらったことに対して、感謝するようになるための第一歩でもあります。
◎食後の片付けを手伝うだけでなく、必要な食器等を並べるお手伝いもしてもらいましょう。もちろん、割れないお皿やコップだけを運ばせるようにしてください。転んでけがをすることがないように、フォークやナイフは運ばせないようにしましょう。
◎トイレトレがすんでいる場合は、昼食後のお昼寝の前におまるに座らせるようにしましょう。しかし、お昼寝中はおむつをはかせるのを続けてください。
◎食後は毎回必ず手を洗って歯磨きをさせましょう。
◎1時間～1時間半のお昼寝が必要です。7時～7時30分まで寝ていた場合は、この時間のお昼寝は少し短くなるかもしれません。お昼寝を完全に卒業してしまった子も、最低1時間は自分の部屋で静かな時間を過ごすようにしましょう。

15時

◎お水か薄めたジュースをコップで飲ませてください。
◎おやつとして、フルーツを少量食べさせましょう。
◎午前中に体を使ってたくさん遊んだ日は、午後はのんびり過ごせる遊びを考えてください。午前中静かに過ごした場合は、午後は少し体を動かす遊びをさせるようにしましょう。天気がいい日は、その前にどんな一日を過ごしていても、夕食の前に公園に軽くお散歩に行ったり、庭で遊ばせたりして、新鮮な空気を吸わせるようにしましょう。
◎夕食の前に、それまで遊んでいたおもちゃを片付けるようにさせてください。

17時

◎食事をほとんどすませた時点で、少量のお水や牛乳をコップであげるようにしましょう。夕食を十分食べている場合は、この時間に飲む量を増やすこともできます。こうすることで、就寝前に飲む量を減らせますので、トイレトレが始まったときに、夜のおむつを卒業するための重要なステップとなります。3歳近くなっても夜中にまだ210〜240ミリリットル飲んでいる子どもは、一晩中おしっこせずに眠り続けることはなかなかできません。
◎食前、食後は手を洗いましょう。

17時45分

◎再び元気になって遊び始めることがないように、17時45分前には就寝準備を始めましょう。この年齢の子どもは、ベッドに行くのを頑なに嫌がり始めることがあります。その隙を与えないようにしましょう。
◎ママやパパと手をつなぐ代わりに、手すりにつかまって自分で1段ずつ階段を上ることができるはずです。

◎自分で服を脱ぐことができるはずですが、ファスナーやボタンは助けが必要かもしれません。汚れた服も自発的に洗濯かごに入れられるはずです。白や暗い色など服の色で分けさせてください。するのを嫌がったり、覚えていられない場合は、ご褒美シールの表に項目を足しましょう。

◎入浴の準備をしている間、トイレトレがすんでいてもいなくても、短時間おまるに座らせてください。

◎体は自分で洗わせましょう。洗っているときに、体の部位の名称をそれぞれ言わせるゲームをしましょう。

◎体はパパかママが拭く必要がありますが、クリームは自分で塗らせるようにしましょう。おむつをはいたら、自分でパジャマを着させます。ボタンは手伝いましょう。

◎翌日の服を一緒に選んで、並べて準備しておきましょう。

18時30分〜19時

◎寝る時間だとわかるように電気を少し暗くしてください。本を選ばせ、読み聞かせに参加させましょう。お話に登場するさまざまな人物やものを覚えて、各ページで何が起きたかを理解し、より複雑な話についていけるようになっている時期です。ページも1枚ずつめくることができるはずです。

◎日中はふたなしのマグカップで飲むことができていても、就寝前はスパウト付きのものをもう少し使い続けるようにしてください。もうすぐ3歳の場合は、この時間に飲む量が少しずつ減ってきたはずです。いまだに240ミリリットル以上飲んでいる場合は、徐々に220ミリリットルまで減らしていきましょう。夜のおむつを卒業するのが難しくなります。

◎本を読むときは、膝の上ではなく隣に座るのに慣れさせておきましょう。赤ちゃんが生まれたときに、それまでと違った方法で読むことがないように準備をしておきましょう。

◎ベッドに行くのを嫌がるときや行く時間を遅らせようとするときも、いつもと同じ態度で接することが重要です。子どもに主導権を取られて、たくさんの質問に答えなければいけないような会話に陥らないようにしてください。「今は静かにする時間よ。明日、公園やプールに行ったり、アクティビティに参加したりするのに、疲れすぎて行けなくなることがないように、しっかり休まなければいけないの」と同じことを繰り返し伝えてください。就寝時間は、常に次の日にどんな楽しいことが待っているかを想像しながら眠らせるようにしてください。

食事について

１日350ミリリットルの全脂肪乳が必要ですが、この年齢になると牛乳を飲む量が劇的に減る子どもが増えてきます。牛乳を飲むのを嫌がり始め、完全に飲まなくなったときは、ミルクシェイクやスムージーとして飲ませることもできます。それもだめな場合は1日のカルシウムの必要摂取量を満たすために、ヨーグルトやチーズをたくさん食べさせるようにしてください。スパウトなしのマグカップを使って飲み物が飲めるようになっている時期ですが、就寝前はこのままふた付きのコップを使い続けてください。

この時期は、甘いものやチョコレートを欲しがって問題になることもあります。とくに定期的にお菓子を食べている友達と遊んでいると起こりがちです。すべてを禁止しても、もっと欲しがるようになるだけですので意味がありません。度を越さない程度に許可しましょう。ご褒美として使うのは構いませんが、それで気を引くようなことは決してしないようにしてください。

ベーコン、ソーセージなどの食品を取り入れることもできますが、最低限の量にとどめてください。

常に野菜をたくさん食べてきた子どもが、急に嫌がり始める頃でもあります。サラダやディップソースに付けて食べられるスティック状の生野菜を食べさせてみましょう。

この時期には、スプーンやフォークを使って自分で食事ができるはずです。飲み物を飲んでいないときはコップをテーブルに置くこと、カトラリーは食べ物を噛んでいるときはお皿に置くこと、などのきちんとしたテーブルマナーを教えるようにしてください。子どもはお手本を見て学んでいきますので、親が定期的に子どもと一緒に食事をし、見本を見せることが非常に重要です。24〜30カ月のメニュー例は次の通りです。

●朝食

150ミリリットルの全脂肪乳をトレーニングマグかコップで飲ませる

シリアルと牛乳とフルーツ、

またはスクランブルエッグと輪切りのソーセージにトースト、

またはバターかジャムを塗ったトーストに小さく切った（もしくはつぶした）フルーツを添えた

オーガニックのヨーグルト

●午前中のおやつ

お水か薄めたジュースをトレーニングマグで飲ませる

フルーツを少量

●昼食

サーモンと野菜の炒め物、

またはレタス、トマト、ケチャップの入ったチキンバーガー、

またはマヨネーズで和えたツナとコーンのサラダにフライドポテト、

または牛肉入りの焼きそば
ヨーグルト、フルーツ、チーズにライスケーキ
お水か薄めたジュースをコップで飲ませる

●午後のおやつ
お水か薄めたジュースをコップで飲ませる
少量のフルーツかライスケーキ、プレーンビスケットなど

●夕食
マカロニチーズとフライドポテト、
またはパスタと野菜のグラタン、
または焼きそば、
またはマッシュルーム入りのオムレツ
全脂肪乳を150ミリリットル、もしくは薄めたジュースかお水をトレーニングマグで飲ませる
キャロットケーキやバナナケーキ
ヨーグルトとフルーツ

●就寝前

150～180ミリリットルの全脂肪乳をトレーニングマグで飲ませる

睡眠について

2歳になると、ほとんどの子どもはお昼寝が1日1回になり、1～2時間に減ります。2歳半になる頃には、1日に必要な睡眠時間は通常12～13時間まで減って、睡眠量が少なくても平気な子どもであれば、ランチタイムのお昼寝もしなくなります。数日に一度お昼寝が必要になって寝ることもあります。

ランチタイムのお昼寝をしなくなったら、疲れすぎを防ぐためにも、19時にはベッドに入っていなければいけません。また、たくさんの子どもがベビーベッドの柵をよじ登ろうとするのもこの時期ですので、注意する必要があります。ベビーベッドの柵を子どもが越えられるようになったら、ベッドに移行しましょう。ベッドで寝かせるようになったら、寝室を子どもにとって100パーセント安全な場所にしなければいけません。ベッドから抜け出し、部屋から出ることができるようになったら、ドア部分にベビーゲートを設置する必要があるかもしれません。乗り越えることができないように、床から数センチ上のところに設置することができる、頑丈なものを選んでください。

これくらいの年齢になると、暗いところで寝るのを怖がり始める子どもが増えますが、極めて普通です。その場合は、暗めのナイトライトをつけてください。この年齢の子どもを、無理やり暗闇で寝かせるようなことはしてはいけません。

成長・発達について

2歳半になる頃には、子どもの体力が無限にあるように感じることもあるでしょう。走ったり、何かに登ったり、ジャンプしたりするのも難なくできるようになってきます。平衡感覚も発達し、ジャングルジムも助けなしで軽々登れるようになります。ボールを投げたりキャッチしたりするのも上達し、簡単なボールゲームであれば、ルールを理解することもできるでしょう。

身体能力や目と手の協調性もさらに発達し、ペンや絵の具を使ったお絵かきも、形らしいものが増えてきます。スイッチやつまみ、電話などに非常に興味を示し、使い方をすぐに覚えてしまいます。シートベルトやベビーカーのストラップも外すことができるようになりますので、とくに注意が必要です。集中できる時間も延びて、退屈することなく、工作などのアクティビティができるようになります。

この年齢になると、常に喋っている子どもも多く、おもちゃを使ったごっこ遊びのときはとくにその傾向が強くなります。30カ月ごろには、語彙が二百語近くまで増え、会話も大人と変わらない話し方をすることもあります。腹を立てたり、疲れたりしたときには、赤ちゃん語に戻ったり、吃音《きつおん》が出たりすることもあります。

また、記憶力も伸びて、簡単なことは覚えていられるようになります。過去に読んだお話に関連付けたり、短い童謡であれば歌詞と振りを覚えて歌うこともできます。数字への理解が深まり、色の違いもわかるようになります。

【30～36カ月のためのスケジュール】

7時

◎通常6時30分～7時の間に目を覚まします。夜用のおむつを外してパンツをはかせ、朝食を始める前に数分間おまるに座らせましょう。

◎おまるを使ったあとと食事の前は、自発的に手洗いをするようになっていなければいけません。いつも忘れてしまう場合は、自分で責任をもって思い出せるようにご褒美シールを使ってください。

◎ランチの時間が12時30分の場合は、7時30分までに朝食を食べさせてください。ふたのないコップに朝食用の牛乳を準備し、食事と交互に飲ませるようにしましょう。コップは一口飲み終わるたびにテーブルの上に戻し、カトラリーは食べ物を噛んでいる間はお皿の端に置かせてください。

4-4 30〜36カ月のスケジュール（目安）

食事の時間	お昼寝時間
朝食 7時〜7時30分	
昼食 12時30分〜13時	**午後** 13時/13時30分〜13時45分/14時15分
夕食 17時	**※お昼寝時間の上限** 45分

◎朝食の片付けを手伝ってもらいましょう。自分で口を拭いて手を洗うようになっていなければいけません。

◎朝食のすぐあとは、おまるかトイレに行く必要があるかもしれません。おむつを卒業したばかりの頃は「あれ、トイレは行ったかな？」と軽く誘ってみましょう。

◎洗顔と着替えがすんでいないときは、おもちゃで遊び始める前にすませるようにしてください。洗顔と歯磨きはまだ助けが必要ですが、着替えはボタンなど難しいところを除いてすべて自分でさせてください。

8時〜8時30分

◎ママが雑務を片付ける間、短時間はひとりで楽しく遊ぶことができるはずです。家事をすませたり、昼食の支度の時間などに充ててください。この月齢の子どもはお手伝いをしたがりますので、自分でするより時間はかかるかもしれませんが、やる気を尊重してあげてください。

9時〜9時30分

◎起きた時間次第で、少量のお水か薄めたジュース、それに小さく切ったフルーツをあげてください。昼食の時間にしっかりお腹がすいているように、10時以降はおやつをあげないようにしてください。

◎プレイグループや、週に数日午前中のみ保育園に通っている子どもは、そこでのおやつの時間が、私が推奨する時間より遅いと、昼食のときにあまり食欲がないこともあります。その場合は、昼食を13時にして様子を見ましょう。すでに昼食が13時で、それでもあまり食べないときは、スープやサンドイッチなどの軽めの食事をあげて夕食の量を増やしてください。

◎この時間は子どもが一番元気な時間帯ですので、退屈しないようになんらかのアクティビティを計画しておきましょう。公園やプールに行ったり、家の近くにある習い事のクラスに参加したりして、エネルギーを発散させましょう。お出かけができず、家の中や庭で遊ばせる場合は、一緒に遊ぶ時間を作りましょう。

11時30分

◎そろそろ疲れて、お腹もすき始める頃です。ランチを準備する時間があるように、余裕をもって家に帰りましょう。

12時30分〜13時

◎午前中の予定と疲れ具合に合わせて、軽めのランチか、たんぱく質を含んだしっかりとしたランチを食べさせます。どちらの場合も、食事はすべて助けや指示なしで、自分で食べられなければいけません。スプーンだけでなく、フォークも一緒に使い、スパウトなしのマグやコップから飲み物を飲ませてください。

◎食事のときはまだビブ・エプロンを着ける必要があるかもしれませんが、ナプキンを使って食事中にどうやって口を拭くかを教え始めてもいい時期です。

◎基本的なテーブルマナーは理解できるはずですが、この先もしばらくは食事のたびに優しく教え続ける必要があります。食べ物を口に入れたまま話をしないこと、またコップは一口飲み終わるたびにテーブルの上に戻すこと、食事中はカトラリーをお皿の端に置くことなどは、この年齢の子どもは知っていなければいけません。

◎メニューについて話をし、作ってくれた人に感謝の気持ちをもつことの大切さを教えてください。

◎ランチのあとは片付けを手伝うのが習慣になっていなければいけません。食事前に、必要な食器類を並べるお手伝いもしてもらいましょう。

◎食事の前後は毎回必ず手を洗う習慣が身に付いている必要があります。

12時30分〜13時

◎ランチタイムのお昼寝がかなり短くなっているか、完全に卒業している子どもがほとんどですが、お昼寝をしなくても昼食のあとは落ち着いた時間を過ごすように心がけてください（とくに、毎日保育園に行っている場合）。

15時

◎お水か薄めたジュースをコップで飲ませてください。
◎おやつとして、フルーツを少量食べさせましょう。
◎午前中に体を使ってたくさん遊んだ日は、午後はのんびり過ごせる遊びを考えてください。午前中静かに過ごした場合は、午後は少し体を動かす遊びをさせるようにしましょう。天気がいい日は、その前にどんな一日を過ごしていても、夕食の前に公園に軽くお散歩に行ったり、庭で遊ばせたりして、新鮮な空気を吸わせるようにしましょう。

16時30分

◎母子ともに疲れがたまってくるこの時間は、子どもがぐずりやすくなる時間でもあります。ぐずって大変なことにならないように、夕食の支度をする間、30分ほど工作をさせるようにしましょう。キッチンのテーブルで行えば、邪魔されることなく食事の支度ができるはずです。子どもの行動を予測しにくいこの時間帯は、電話がかかってきても出るのはやめましょう。

◎ほとんどの子は、ぬり絵をしたり、粘土やシールで遊んだりするのが大好きです。子どもの好みがわかったら、この時間にさせるといいでしょう。

◎食事を時間通りに食べさせます。17時より遅くならないのが理想です。可能であれば、近くに座ってテーブルマナーをチェックし、必要であればサポートしてあげてください。子どもが食事をしている間にキッチンの片付けをしていると、食べ物で遊ぶようになることが多く、ひどく汚したり、食事の時間が長くなったりします。

◎食事をすると、ふたたび元気になる子どもがほとんどですので、この時間に部屋の片付けや床掃除を手伝わせるようにしましょう。手伝いも遊びにしてしまうと、子どもの行動をうまくコントロールできます。

◎この時間になると疲れから、やんちゃや事故が起こりやすくなります。就寝準備の最中に爆発してしまわないように辛抱強く取り組みましょう。

17時45分

◎時間に余裕があれば、入浴や就寝準備を楽しむ精神的余裕もできますので、17時45分前に始めるようにしてください。

◎子どもはお風呂が大好きです。お風呂で使うおもちゃは楽しい知育玩具などを選んで、あまり興奮させすぎないように気を付けてください。

18時〜18時15分

◎体はパパかママが拭く必要がありますが、クリームは自分で塗らせるようにしましょう。パジャマは自分で着るようにさせてください。寝る直前に、夜用のおむつをはかせてください。

◎読み聞かせの本を選ぶのを手伝ってもらいましょう。登場人物の名前を言わせたり、知っているお話であれば、最後の一文を言わせてみましょう。悪夢を見ることがないように、常に楽しいお話を読むようにしてください。時間をきちんと決めて、ダラダラ長引くことがないようにしましょう。

◎牛乳を飲み終わったら、必ず歯磨きをさせてください（お手伝いが必要です）。最後におまるにもう一度座らせて、その後おむつをはかせます。高性能の夜用のおむつはおしっこの吸収力が非常に高く、お尻が濡れたりかぶれたりすることがないため、少しお値段が高くても購入する価値があります。敏感肌の場合は、体のくびれ部分に軽く肌荒れ用のクリームを塗ってください。

19時〜19時30分

◎お気に入りのおもちゃ（1〜2個まで）と一緒にベッドに寝かせます。一度おやすみの挨拶をしたら、何度も戻って繰り返し言うことがないようにしてください。
◎子どもがまだ眠くないと言ったら、「少し目を覚ましているのは構わないけれど、今はおやすみの時間だから、ベッドで横になって休もうね」と伝えます。
◎自分で本を読んだり、お話のテープを聴くときは、ナイトライトやベッドサイドのランプをつけておいても構いません。

食事について

30～36カ月になると、他の家族とほぼ同じものが食べられるようになります。毎日の食事は次のようなメニューになっています。

●朝食

150ミリリットルの全脂肪乳をふたのないトレーニングマグかコップで飲ませる
シリアルと牛乳にフルーツ、
または小さく切ったベーコンやソーセージとトマトにポーチドエッグ、
または骨を取って身をほぐした焼き魚とスクランブルエッグ、
またはバターとジャムを塗ったトースト、
またはフルーツとヨーグルトを添えたパンケーキ、

または小さく切ったフルーツを添えたオーガニックのヨーグルト

●午前中のおやつ
お水か薄めたジュースをトレーニングマグで飲ませる
フルーツ少量か、甘くないビスケット

●昼食
チキンとアプリコットの炒め物、
またはグリルしたラムチョップにローストポテトとカリフラワーチーズ、
またはチキンのパエリア、
またはトマトとハーブで煮込んだ牛肉のミートボールに野菜とポテトを添えて、
ヨーグルト、フルーツ、チーズにライスケーキ
お水か薄めたジュースをコップで飲ませる

●午後のおやつ
お水か薄めたジュースをコップで飲ませる
少量のフルーツかライスケーキ、プレーンビスケットなど

●夕食
ミネストローネスープとミニサンドイッチ、
またはベジタブルリゾット、
または野菜の入ったトマトソースパスタ
全脂肪乳、もしくは薄めたジュースかお水をトレーニングマグで飲ませる
マフィンや、フルーツの入ったスコーン、チーズ、ビスケット、
またはフルーツの添えられたヨーグルト

●就寝前
150〜180ミリリットルの全脂肪乳をトレーニングマグで飲ませる

睡眠について

3歳になる頃には、ほとんどの子どもがお昼寝をしなくなっているでしょう。この年齢の子どもは、心も体もぐっと成長し、たくさんのエネルギーが必要ですので、夜にしっかり眠ることが非常に重要です。20時近くまで起きているのが習慣になっている場合は、お昼寝を完全に卒業した時点で、就寝時間を少し早める必要があるかもしれません。

ベビーベッドから大きなベッドに移るのもこの時期が多いため、今まで通りの一貫した姿勢で就寝準備を進めないと、これまでの流れが一気に狂ってしまうこともあります。この年齢の子どもは、流れを変えたがることが多く、寝るまでの時間がどんどん長くなっていきます。読み聞かせの時間はしっかり決めて延長しないようにしましょう。おやすみの挨拶のときに、もう1冊読みたがったり、飲み物を欲しがったりすることがありますが、それに流されないようにしてください。必要であれば、ベッドサイドの電気を少しの間つけておきましょう。自分で本を読んだり、音楽を聴いたりするのは構いませんが、自分の部屋で静かに寝つく準備ができているときだけ許可してください。

この時期には選択する権利を与えて、その選択に責任をもたせるようにしてください。たとえば、すぐに寝ずに、電気をつけたままひとりで本を読むのは構わないけれど、それは、ベッドから出て騒いだりせず、静かに読むことができる場合だけだと伝えましょう。もしベッドから出て騒いだら、ドアを閉めて電気も消し、自分の行動に対する責任を取らせなければいけません。選択権を与えられることで、自分のやりたいことができていると感じられるため、すぐにどちらのほうがいいのかに気が付きます。ここで自分の行動に責任をもたなければいけないと自覚させるには、騒いで自分で寝つくのを嫌がったときに、実際にドアを閉めて、電気を消さなければいけません。

お昼寝をしなくなっても、昼食後は静かにゆったりと過ごす時間を作ることをおすすめします。自分の部屋に行って、1時間ほど静かに遊んで、本を読む子もいるでしょう。部屋に行くのが嫌な子も、騒がず静かにできなければいけません。30分ほどリビングのソファに横になる子もいますが、それも嫌がる場合は、ひとりで遊ぶように諭してください。

常に誰かに遊んでもらえるわけではなく、親も休む時間が必要だということを理解させる必要があります。とくに2人目が生まれたばかりの時期は、毎日小休止する時間を確保することで、午後に子どもと遊ぶための体力を温存できます。朝食の時間からずっと休みなく動き回っていては不可能です。

成長について

身体能力がどんどん発達する時期です。同じ年頃の子どもたちと一緒に、体を動かす遊びも盛んにするようになります。目と手の協調能力も発達し、カトラリーを使って自分で食事をしたり、ふたのないコップでもこぼすことなく飲めたりするようになってきます。

手先を器用にするために、クリエイティブな遊びをたくさんさせてください。お絵かきやぬり絵も以前より正確にできるようになっているはずです。少し難易度の高いパズルを解かせたり、子ども用のはさみで形を切らせたり、一緒に行った場所の絵を描かせてもいいでしょう。

いろいろな種類の食材の絵を描かせて、「食べ物辞典」を作ってみてはどうでしょう。形や色について学ぶこともできます。毎週、新しい食材が登場する簡単なレシピを選んで、ノートに書き写し、一緒に材料を買いに行き、お料理を作ります。友達や家族が遊びに来る日に特別な料理を作ると、子どもも食べ物に興味を示し、いつもとは違った食材も試すようになります。

急いでいるからと、なんでも子どもの代わりにしてしまうのは控えてください。着替えや手洗いも自分でできる年齢ですので、時間はかかっても終わるまで見守ってあげてください。子どもが責任をもってやりきる機会を与えることが重要です。簡単なお手伝いを定期的にさせて、できたときはたくさん褒めてください。

思いやりの気持ちが育つように、庭の一角で、一緒に植物を育てることもできます。ペットを飼って、お世話の仕方を教えることで、責任感を育むこともできます。

ご褒美シールをまだ始めていない場合は、導入するのに非常にいい時期です。優しく、思いやりをもった、寛容な人間に成長するために必要なのは、批判や脅しや罰ではなく、応援と称賛と頑張りに対する評価です。欠点ではなく、常に子どもの長所に目を向けることを忘れないでください。

第5章　弟や妹が生まれたら

「何歳差が一番理想的でしょうか」。2人目を考えている親によく聞かれる質問がこれです。たくさんの家庭で仕事をしてきた私が達した結論は、大切なのは年齢差ではないということです。体力的にも精神的にも経済的にも、2人目が生まれても大丈夫だと親2人の気持ちが同じであることが重要です。

2人目をつくる時期を考えているときは、次の点についてとことん話し合ってください。家族が1人増える上で心配事があれば、正直に伝えて2人の意見を一致させておきましょう。

まずは心と体の準備から

2人の子どものお世話を日々どうこなしていくかを話し合うことが大切です。幼児と赤ちゃんの両方の面倒を見るのは、心身ともに疲れきってしまうこともあります。手を貸してくれる家族や親族が近くにいない場合はなおさらです。2人目が生まれてクタクタで、心細く感じているママたちをたくさん見てきました。これは往々にして、パパの仕事で新しい土地への引っ越しを余儀なくされたり、昇進によって帰宅時間が遅くなったりしたために起こることが多いようです。

一日中、ひとりで子育てをしている気になり、怒りが爆発してけんかが始まります。父親もいつもより長い労働時間と、家族をひとりで養わなければいけない経済的なプレッシャーで、どんどんストレスがたまっていきます。夜中に一緒に過ごすはずの貴重な時間は、自分のほうが疲れていると言い合う口論に発展して終わります。2人目が生まれたときにどう乗り切ったかを友達に聞いてみてください。週末に数時間、友達の子どもを預かると、2人以上の子どものお世話をするのはどんな感じかを経験することができます。友達の子どもを預かっていれば、自分に2人目が生まれたときに、いろいろ手伝ってくれることもあるでしょう。

夫婦2人で健診を受けて、健康状態を確認してください。1人目が難産や帝王切開だった場合はとくに重要です。

1人目が高齢出産だった場合は2人目を産むための時間が限られているため、ちょうどいいタイミングを待つ時間的余裕がないということもあるでしょう。パパが、あなたを手伝う余裕がない状況であれば、別の形のサポートを確保するのが賢明です。また、体に疲れをためないようにすることがとても重要です。疲れがたまると、精神的にも追い込まれ、結果あなただけでなく家族全員が参ってしまいます。

経済的な準備も重要

経済的な問題が、カップルがけんかをするもっとも大きな理由です。２人目が生まれたために引っ越しをする場合は、毎月の支出の増加分が大きな負担にならないように、注意深く計画を立ててください。引っ越しに伴う改装工事や模様替え、修理のための費用や、赤ちゃんのために新しく準備する部屋にかかる費用も考慮してください。

１人目の子が３歳以上であれば、最低限のベビー用品は揃っていると思いますが、年齢が近いときは、２人用のベビーカーや、二つ目のベビーベッドも買うことになるかもしれません。おむつも２人分買う日々がしばらく続きます。小さなコストのように思えますが、これらのものので出費が大きくかさんでいきます。

１人目を産んだあとの職場復帰は可能なことが多いようですが、２人目になると状況が複雑になり、仕事に戻るのが大変になることが増えてきます。収入源が２人から１人になり、出費は２人分に増えますので、旅行や外食などの「贅沢《ぜいたく》」に対する予算がなくなることも考えられます。これらの犠牲を払ってもいいとパパとママの両方が思えなければ、ライフスタイルが変わってしまったことに不満を感じて、大きな問題へと発展することもあります。

仕事を続けることにした場合は（パートタイムの場合も含め）、子どもを預けるのに必要な経費を計算しましょう。交通費やお出かけの費用など、すべての支出を考えなければいけません。ナニーを雇う場合は、保険や税金、彼女の食費も支払います。２人目が生まれて最初の1年は苦労の連続だった若いカップルを何人も見てきました。きちんとマネープランを立てていなかったために、家族の生活から、すべての喜びが奪われてしまったのです。

年齢差による注意点とメリット

希望の年齢差で２人目を産んでも（選択肢がない場合もありますが）、赤ちゃんが生まれたばかりの時期は、何かしらの苦労があります。しかし、起こりうる問題に前もって備えておけば、大変な時期はあっという間に過ぎていきます。私の経験上、これらの問題に対する対処法を事前に想定していた親は、衝突も少なく、新しく増えた家族の一員のお世話もうまくこなせることが多いようです。

10〜15カ月の年齢差

10〜15カ月の年齢差は、授乳や睡眠や日々のお世話という点では、双子を抱えているようなものです。２人ともまだおむつをしていますし、上の子も食事のときにお手伝いが必要です。一時に抱っこをして移動しなければいけないこともあります。一日が、終わりのない授乳、食事、お昼寝の寝かしつけの連続で過ぎていきます。２人分の外出の準備をすませたあとに、小さな赤ちゃんと子どもを連れてベビーカーで出かけるのは大仕事です。

年齢差が近い場合の利点として、15カ月未満の子は、赤ちゃんに対してあまり嫉妬しないという点があります。また大きくなっても、遊んでいるときにライバル心が芽生えにくいようにみえます。

子どもは２人でおしまいの予定であれば、もう一つの利点は、おむつ、ベビーカー、離乳食などの赤ちゃんモードから早く卒業できることです。３年以内には、お昼寝の時間を気にしたり、お出かけや旅行のときに山ほど荷物を持って出かけたりする必要がなくなりますので、いろいろなアクティビティや外出を楽しめるようになります。

平均的な18カ月～3歳の年齢差

18カ月から3歳が一番人気のある年齢差だと思います。赤ちゃんが生まれると、嫉妬心が芽生える子が多いようですが、いつものルーティンを崩さず、上の子と２人だけで過ごす時間を毎日確保できれば、手がつけられなくなるような状況にはなりません。

私の経験上、上の子が18カ月から2歳の時期が一番大変なことが多いようです。この時期は、お話やトイレトレーニング、着替えなど、新しいことをたくさん学ばなければいけません。これらのことができるようになるには、応援とサポートが不可欠です。あまりに多くのことを学ぼうとして、子どもがもフラストレーションでいっぱいになることがあります。新生児を抱えていると、根気よく教えることがなかなかできず、子どもはすぐにその母親のストレスを感じ取ります。子どものフラストレーションとママのストレスが、癇癪《かんしゃく》を引き起こす原因を作り出しているのです。この年齢差の場合は、まず赤ちゃんのスケジュールを確立するのが最優先です。トドラーのサポートをするのに必要な時間を確保できるようになるからです。

赤ちゃんが生まれる前と変わらず愛されていると上の子が感じられること、そして毎日短時間でもあなたと2人だけの時間を作ることが非常に重要です。また、赤ちゃんが生まれる前に、ひとりでできることをできるだけ増やしておくと、いろいろなことがスムーズに運びます。

上の子が2歳半前後になっていれば、18カ月の場合よりも、困ることは少ないはずです。それくらいの年齢であれば、できることも増え、トドラーと赤ちゃんの2人の面倒を見るのも母親にとって少し楽なはずです。お話も上手になり、「赤ちゃんが生まれても前と同じくらい大好きだよ」と伝えたときに、意味を理解することもできるでしょう。

3歳以上の年齢差

年齢差が3歳以上の場合の一番大きな問題は、親と上の子の生活に、再び制限が増えてしまう点でしょう。とくに赤ちゃんのお昼寝の時間に合わせて予定を組む「赤ちゃん優先」の生活に戻るのは、慣れるのに時間がかかるかもしれません。また、上の子との年齢差が大きければ大きいほど、赤ちゃんと上の子の両方が楽しめる場所を選んで出かけるのは難しくなります。

しかし、よい点は、嫉妬心がほとんど、もしくはまったく芽生えない点です。上の子はほとんどのことが自分でできますし、友達の輪も出来上がっているため、赤ちゃんの存在はあまり脅威にはなりません。しかし、同じ年頃の友達よりも親と一緒にいる時間が長かった子どもの場合はそうはいきません。年齢差が大きくなる場合は、年齢の近い子どもと友達の輪を作っておくことが非常に重要です。そうでなければ、嫉妬が大きな問題に発展することがあります。

また年齢差が大きいと、赤ちゃんとトドラーの間で、うまく時間を振り分けることも簡単です。上の子が保育園や幼稚園、学校に通っている間に、赤ちゃんにたっぷり時間を割くことができますし、上の子がベッドに行く時間が赤ちゃんよりも遅ければ、夜は上の子のためだけに時間を使うことができます。それには、赤ちゃんがスケジュールに慣れ、夜の寝かしつけが軌道に乗っていなければいけません。

家族以外の育児サポートを探す

家族や親族からの手伝いを期待できないときは、２人の子どもの世話をこなすことができるように、外部にお手伝いを頼むことをおすすめします。ひとりでこなすのが当たり前で、手伝いを雇うのはお金持ちだけができる贅沢だと信じて、助けを求めることに対して罪悪感を抱くママが多いようです。

しかし、決してそうではありません。昔は、祖母や叔母から当然のようにサポートを受けていました。現代は、家族や親族が遠方に住むケースが一般的になり、仕事をフルタイムで続けている祖母世代が増えたこともあって、赤ちゃんが生まれたばかりの最初の数カ月が、ひと昔前よりママやパパの負担が重くなっています。2人目や3人目のときはさらに重くなります。新生児期にお手伝いを頼むことは、「贅沢なこと」ではなく「必要なこと」として認識されるべきです。

たとえ短期間でも、1週間に3～4時間お手伝いを頼むと、かなりの助けになります。予算があれば、週に一度お掃除の人を頼んだり、自分のための時間をもつために子どもの面倒を見てくれる人をお願いしたりすると、一歩ひいて状況を見る心の余裕ができます。

2人の子どもの面倒を見ながら、同時に家族全員の要求が満たされる幸せな家庭を築こうとすると、ほとんどの場合、母親は自分のことを後回しにしがちです。いい母親になるということは、常に大変な役回りを担わなければいけないということではありません。

予算が非常に限られている場合は、自分の時間が多少なりとももてるように、他のママたちとお互いの子どもの面倒を見るためのグループを作ることもできます。うまく機能させるには、最低3人でグループを作るといいようです。ママのひとりが自由な時間を過ごす間、常に2人以上のママが子どものお世話を担当することができます。上の子も赤ちゃんも、人見知りしない社交的な子どもに育つという利点もあります。

赤ちゃんの誕生に備えて

赤ちゃんが生まれる前に、トドラーのルーティン、とくに朝と就寝準備のときに必ずする「儀式」を見直してみましょう。万が一、何かを変える必要が出てきたら、赤ちゃんが生まれたせいで自分の生活に変化が起きていると、トドラーに感じさせないように気を付けましょう。たとえば、寝る前の読み聞かせを膝の上でしていた場合は、代わりに隣に座らせるようにしてください。こうすれば、赤ちゃんに授乳をしながら、上の子に読み聞かせをすることができるようになります。食事と入浴の時間も、授乳と同時に行えるように、多少の変更が必要になるかもしれません。赤ちゃんの誕生に備えて準備できることをリストにしましたので、参考にしてください。

- 赤ちゃんが生まれる頃に、トドラーがひとりでできることが多ければ多いほど、2人の子どもの面倒を一度に見る負担が少なくなります。ほとんどの子どもは、18カ月には自分で食事をし、30カ月には服を自分で脱ぐことができるようになります。これらのことでまだママを頼っている子は、赤ちゃんが生まれたせいで急に自分でやらなければいけなくなったと腹を立ててしまいます。
- 必要な家事をしている間に、短時間ひとりで遊ぶことに慣れさせておきましょう。パズル、お絵かき、粘土、フィンガーペインティングなどを試してみましょう。男の子でも女の子でも、自分のためだけの特別な赤ちゃん人形が役に立ちます。おもちゃの哺乳びんや、おむつ、お風呂、ベッドなどもあわせて揃えるといいでしょう。

●赤ちゃんが生まれる時期の前後は、上の子の生活に大きな変化がないように気を付けてください。保育園に慣れるのに数週間かかることもありますので、赤ちゃんが生まれる4～5週前か、生まれてから4～5週後に始めるようにしてください。赤ちゃんがベビーベッドを使うことになる場合は、最低2カ月前には上の子を大きなベッドに移しましょう。

●週末の短時間のお出かけを、パパと上の子との恒例行事にしてもらいましょう。最初の数週間は母乳育児を軌道に乗せるために、ママはたくさん休息が必要です。トドラーがパパとのお出かけに慣れることで、この時期にママが突然自分のことは忘れてしまったと感じさせないようにすることができます。

●赤ちゃんのいる友達を家に招いて、上の子を赤ちゃんに慣れさせておきましょう。どれほど小さく、大事に扱わなければいけないか、泣くとどれほどうるさいかなどを話し合ってください。また、赤ちゃんが生まれてくる家族について書かれたお話を探して読んであげましょう。

赤ちゃんに合わせてスケジュールを調整するには？

赤ちゃんが生まれることで、新たな負担や挑戦を突き付けられます。毎日要求の変わる2人の子どもの面倒を見るのは大変なのではと心配になるのも当然です。1人目の子どもに『快眠講座』のジーナ式スケジュールを使い、すでに軌道に乗っている場合、これから先、どう進めていいのかわからなくなっていると思います。しかし、赤ちゃんはすぐに上の子のスケジュールに合わせて生活できるようになります。

また、1人目のときにスケジュールで苦労したようなことは、2人目では起きにくいようです。ジーナ式スケジュールで一番苦労するのは、一日の最初の授乳を7時に始めることだと思います。赤ちゃんが夜中に目を覚ましたせいで、朝7時になってもまだぐっすり眠っているときは、新米ママはそのままベッドで休んで、赤ちゃんが目を覚ましたときに起き上がりたくなるのが当然です。けれども、こうなると9時過ぎまで授乳しない日も出てきます。すると雪崩のように日中の授乳量が足りなくなって、結果、不足分を補うために夜中目を覚ますようになります。

ところが、すでに上の子がいると、朝寝坊ができることはほとんどなく7時のスタートが完全に日常の風景です。数日で赤ちゃんは7時の授乳に慣れ、スケジュールもあっという間に定着していきます。

本書のスケジュールを使っているトドラーは、赤ちゃんの理想的なパートナーです。赤ちゃんが目を覚ましている時間は、兄や姉は最高の遊び相手です。元気いっぱいに、面白い顔や悪ふざけするをする2歳児には、どんな素晴らしいおもちゃもかないません。同様に、赤ちゃんのお昼寝の時間は、トドラーも落ち着いた時間を過ごせるように心がけましょう。赤ちゃんの授乳は、トドラーの食事の時間の直後に行うようにプランします。入浴のルーティンはすでに定着しているはずです。公園や保育園・幼稚園の送り迎え、友達の訪問時間もスケジュールに合わせて計画することができます。

もちろん、細かい点では多少の修正が必要です。正午に保育園・幼稚園のお迎えがある場合は、この時間に赤ちゃんをベビーベッドで寝かしつけることはできません。しかし、簡単な修正で、うまく調整することができます。授乳の場合はスケジュールの時間通りに行い、離乳食が始まっている場合は午前11時30分までに食べさせます。これで授乳、食事がすんだあとに、上の子のお迎えに行くことができます。幼稚園に向かう途中で赤ちゃんは眠くなるはずです。眠ってしまった場合は、家に戻ったあとにゆっくりベビーベッドに寝かせてください。ベビーベッドに寝かせる途中で目を覚まし、眠りに戻らないときは、ミルクを60～90ミリリットルほど飲ませると、うまく寝かしつけることができるはずです。

3カ月の赤ちゃんとトドラーのスケジュール例

7時

◎まず赤ちゃんの授乳をすませます。トドラーが朝食を食べる間、赤ちゃんはベビーチェアに座らせておきます。

◎赤ちゃんが7時前に起きてしまった場合は、片方の胸から授乳して寝かしつけましょう。その後、トドラーが朝食を食べる時間に赤ちゃんを起こして、もう片方の胸から授乳します。

◎赤ちゃんとトドラーの洗顔や着替えの時間が十分にとれるように、8時までには授乳と朝食をすませましょう。

8〜10時

◎洗顔と着替えをさせましょう。

◎赤ちゃんは8時30分〜9時の間、または目を覚ましてから2時間ほどたった時点で眠くなるはずです。保育園や幼稚園への送り迎えがある場合は、この時間のお昼寝は車かベビーカーでさせてください。

◎保育園や幼稚園への送迎後は、時間が許せばお散歩やお買い物ができます。赤ちゃんもぐっすり眠るはずです。

10時〜12時30分

◎10〜11時の間に赤ちゃんに授乳してください。11時30分〜12時の間に眠くなってくるはずです。

◎授乳がすんだら、赤ちゃんを短時間プレイマットに寝かせて、その間に家事をすませたり、あなたとトドラーのためのランチの準備をしましょう。

11時30分〜12時

◎保育園や幼稚園にお迎えに行く場合は、車の中かベビーカーでお昼寝をさせてください。しかし、家に帰ったらすぐにベビーベッドに移せるように、寝る部屋の準備をしておきましょう。

12時30分〜14時

◎赤ちゃんをベビーベッドに寝かせたら、上の子とランチを食べましょう。ベビーベッドに移す間に目を覚ましてしまったら、60ミリリットルほどミルクを飲ませると再び寝つくことが多いようです。この時期は上の子と食事をするための時間を作るようにしてください。一緒に食べることで多くのことを学びます。また、赤ちゃんが生まれて自分だけのものではなくなったママと、2人だけの特別な時間を過ごしていると感じられるはずです。

◎上の子がランチタイムのお昼寝を卒業していても、この時間は静かに過ごすようにして、騒がしくしたり、走り回ったりすることがないように気を付けてください。あなたとトドラーがリフレッシュし、赤ちゃんがぐっすり眠ることのできる時間にしてください。

14〜18時

◎遅くとも14時までには赤ちゃんを起こし、授乳をしてください。この時間に起こすことで、授乳の少なくとも半分を、上の子のお昼寝時間やリフレッシュタイム中に飲ませることができます。14時30分近くなると、子どももじっとしていられなくなりますので、赤ちゃんの授乳のために1時間近くおとなしくさせておくのは大変になります。

◎上の子が目を覚ましても、赤ちゃんの授乳が終わるまでは、おもちゃなどで楽しく遊ぶはずです。あなたに構ってほしいようであれば、授乳しながら絵本を読んであげてください。

◎また、この時間に飲み物とおやつをあげてもいいでしょう。

◎15時ごろには退屈してくると思いますので、公園へのお散歩や、友達と遊ぶ約束、習い事など、午後は毎日何をするかを前もって考えておきましょう。数日間、忙しい日が続かないように、お出かけの予定をバランスよく組んでください。午前中は毎日、保育園や幼稚園に行っている場合は、就寝時間に疲れすぎで寝つきが悪くならないように、午後は落ち着いた時間を過ごすようにしてください。

◎赤ちゃんは16〜17時の間に短めのお昼寝をする必要があります。お出かけの途中にベビーカーの中で寝かせるか、家にいる場合は庭や目の届く静かな場所で寝かせてください。

◎友達が遊びに来たときは、ママ友の協力を得て、おもちゃの大半は16時30分までに片付けましょう。疲れてお腹がすいてくる時間帯は、片付けさせるおもちゃの数が少なければ少ないほど、お手伝いもしてもらいやすくなります。

◎17時ごろに、赤ちゃんに授乳量の半分の母乳またはミルクを飲ませてください。午後に何をしたかにもよりますが、上の子の夕食は、17時か17時30分には始めるようにしてください。友達が来ているときは、17時30分までは楽しく遊べると思いますので、その間に赤ちゃんに授乳をすることもできます。赤ちゃんのお腹がいっぱいになったら、ママが上の子のごはんの準備をして食べさせる間、赤ちゃんは機嫌よくバウンサーに座ったり、プレイマットに寝転がって遊んだりできるはずです。前もって夕食の準備がすんでいるときは、ママが授乳をしている間に、トドラーを座らせて食事をさせることもできます。

◎上の子が食事をしている間に赤ちゃんに授乳する場合は、子どものすぐ横に座るようにしてください。まだ小さな子どもは、食べる間はひとりにしないでください。危険なだけではなく、ママと赤ちゃんが授乳のために別の部屋に行ってしまうと、自分だけがのけ者にされていると感じるためです。

18時～19時30分

◎乳幼児が2人いる家庭では、一番大変な時間帯だと思います。この時間になると、2人とも疲れてご機嫌が悪くなることが多いからです。決まった時間までに、2人をお風呂に入れて、それぞれのベッドに寝かしつけるには、辛抱強く一貫した姿勢で取り組む必要があります。

さまざまな家族のもとで働いた経験からも、叱られたり、急かされたり、のけ者にされたと感じたりして機嫌を損ねるのは上の子のことが多いため、そちらを優先するほうが賢明です。赤ちゃんは、体をきれいに洗ってよく拭き、授乳をすませてベッドに連れて行けば、すんなり寝つきます。赤ちゃんが無事にベッドで寝たら、上の子と過ごす時間に集中して、もう1冊本を読んだり、ぎゅっと抱きしめたりして安心させることができます。

◎この時間に、上の子が言うことをきかないときは、叱って行いを正そうとするのではなく、気をそらすようにしてください。たとえば、「赤ちゃんの体を拭くのを手伝いたいのにやらせてもらえないと腹を立てる」、または「就寝前の時間は赤ちゃんに対していつもより乱暴になる」といったトドラーの行動パターンがわかっているときは、あまり赤ちゃんに近寄らせないようにしましょう。赤ちゃんを早めにベッドに連れて行き、上の子の疲れが取れて、行動パターンも読みやすくなる次の日の朝に赤ちゃんと遊ばせるようにしてください。

◎18時までには2人とも寝室に連れて行くようにしてください。赤ちゃんがまだ小さいうちは、疲れすぎないようにするのが不可欠です。最後に目を覚ましてから2時間たつ頃には眠くなっているはずです。また、午後どれくらい眠ったかも考慮してください。もし短時間しか眠っていないときは、18時30分には寝かせるようにしましょう。

◎赤ちゃんと上の子を一緒にお風呂に入れるかどうかは、上の子の年齢と、その子がお風呂でどれくらい騒ぐタイプかによります。次の二つのパターンをどちらも試して、うまくいくほうを選んでください。

《赤ちゃんとトドラーを一緒にお風呂に入れる場合》

この方法を成功させるには、両手があくように、赤ちゃんを仰向けに寝かせることができるプラスチックのバスチェアに座らせる必要があります。赤ちゃんを手早く洗う間、上の子が遊んでいられるように、まずは上の子の体を洗ってください。浴室の床にチェンジングマットを敷いて赤ちゃんをその上に寝かせると、上の子から目を離すことなく、赤ちゃんの体を拭いて、マッサージし、着替えをさせることができます（訳注：イギリスではお風呂とトイレが一緒になっているのが一般的で、体や髪は浴槽内で洗うため、床にマットを敷くことができる）。

17時に授乳を半分すませていますので、着替えがすんでいればマットの上に寝かせていても機嫌がいいはずです。上の子のお風呂をすませ、体を拭いて、クリームを塗る時間も十分あります。

2人を寝室に連れて行き、トドラーは自分でパジャマに着替えさせます。その間に、赤ちゃんに残りのミルクをあげるか、もう片方の胸から授乳してください。

着替えがすんだらママの隣に座らせて、赤ちゃんに授乳する間、一緒に本を読んだりビデオを見せたりします。

2人が刺激を受けて興奮しないように、この時間は落ち着いた雰囲気で過ごせるように心がけましょう。上の子が騒ぎ始めないように、おもちゃは必ず片付けておきましょう。

赤ちゃんが眠れるように、トドラーに叫んだり走り回ったりしてはダメだと言うのは禁物です。そう言うことで、かえって走り回って大声でわめき始めるようになります。代わりに、今は静かにしなければいけない時間で、赤ちゃんが寝たらママと2人きりの特別な時間を過ごそうね、と伝えます。

赤ちゃんを寝かしつける間トドラーがじっとしていられない場合は、ぬいぐるみを使って、赤ちゃんの部屋で「寝かしつけごっこ」をさせましょう。とくにうまくいったのが、ぬいぐるみを寝かせるためのベッド（空き箱に色を塗って作ったものと手作りのふとんなど）をいくつか用意し、ママが赤ちゃんをベビーベッドに寝かせる間、トドラーもそれぞれのぬいぐるみにおもちゃの哺乳びんで飲み物を飲ませ、布団をかけて寝かしつけをさせるというものです。

赤ちゃんを寝かしつける数分前に、小さな声で「もう静かにしないといけないよ。お兄ちゃんにステキな本を読んであげられるように、ベッドに行こうね」と、赤ちゃんに話しかけます。お兄ちゃんがきちんと静かにしていられて、どんなにいい子だったかを強調して赤ちゃんに伝えてください。もちろんこれは、上の子が聞こえる距離で言ってくださいね！

赤ちゃんが寝ついたら、上の子を寝室に連れて行って、大好きな本を読んであげてください。何分読み聞かせをするかは、きちんと時間を決めて守りましょう。もう1冊とせがまれるのが習慣になって、寝かしつけの時間がどんどん長くなることになります。読み聞かせは長くても

15～20分に抑えてください。寝るのを嫌がるのが続く場合は、233～234ページを参考にして対処してください。

《別々にお風呂に入れる場合》

赤ちゃんがまだ小さく、2人一緒にお風呂に入れるのが大変なときは、それぞれの子どもに別々のルーティンを作りましょう。2人を別々にお風呂に入れていると、確実に時間は余分にかかりますので、19時30分までには2人揃ってベッドに入っていてほしければ、早めに就寝準備を始める必要があります。

赤ちゃんの入浴の時間を早められるように、17時の授乳を15分早めてください。赤ちゃんをお風呂に入れて、体を拭き、マッサージするのを、上の子に手伝ってもらいましょう。私はいつも上の子には赤ちゃんの足の指を数えさせながら、洗うことと拭くこと、それとクリームを塗ることをお願いしていました。足の指を担当させることで、頭や目や口などを触らせないようにすることができるはずです。

赤ちゃんの授乳の準備が整ったら、「一緒にお風呂に入れる場合」と同じ方法で行ってください。しかしここでは、上の子の牛乳を省きます。18時30分までには赤ちゃんを寝かしつけることができるはずです。たっぷり飲んでげっぷもすんでいるのに、なかなか寝つかないときは、豆電球をつけたままにして、ミラー付きの布絵本などをベビーベッドにかけて赤ちゃんが見られるようにしておきます。これは、夜中に双子を寝かしつけなければいけなかったときに私が使っていた方法です。目がぱっちり開いた状態でベッドに寝かされるのにもすぐ慣れ、布絵本やミラーを機嫌よく見ているうちに、自然と寝つくようになりました。

このあと上の子を18時30分にお風呂に入れて、19時前後に読み聞かせと牛乳を始めます。19時15分〜20時15分にはベッドに寝かすことができるようになります。

Q

18カ月の息子が保育園に通い始めるのは半年先です。赤ちゃんに母乳育児を続けながら、息子をいつもの午前中のアクティビティに参加させるのに苦労しています。まだまだ眠ってばかりの生後6週の赤ちゃんに授乳しながら、動きたい盛りの息子を飽きさせないようにしなければいけない9時30分〜12時が、どんどん大変になってきました。そのせいでストレスがたまり、不安で、心細くなっています。

A

たったひとりで奮闘しているのに、助けを頼むのが苦手なママがたくさんいるようです。しかし、赤ちゃんが生まれたときは、友達や家族を存分に頼ってください。みんなが喜んで手を貸してくれるはずです。助ける気がないように見えることもある祖父母が、頼れる存在になることも多いのです。頼まれるまでは、邪魔になるからと連絡を取らないこともよくあります。子どものお世話は無理でも、買い物やアイロンがけなどの家事を手伝うことができるかもしれません。

最初の数カ月の苦労を忘れてしまっている祖父母もいますので、生まれたばかりの赤ちゃんと上の子の2人の世話がどれほど大変かに軽くふれるだけで、手伝いを買って出てくれるかもしれません。初産のときは、親族が手を貸してくれることが多いのですが、実はほとんどの母親にとって一番大変なのは、赤ちゃんと上の子の2人の面倒をダブルで見なければいけないこの時期であることが多いのです。幸運にも祖父母が手を貸してくれる環境であれば、毎週定期的に上の子を公園に連れて行ってもらうか、もしくはママが上の子と遊ぶ時間が作れるように赤ちゃんのお世話をお願いしましょう。

一番大変なのは、2歳の子どものお世話をしながら母乳をあげる時間のことが多いようです。ソファに座って授乳をし、動けない母親を見て、トドラーの行いが最悪になることがあります。私は解決策として、搾乳をおすすめしています。胸から吸うよりも、哺乳びんからのほうが楽に飲めますので、この時間の授乳を早く終わらせることができます。搾乳することで、おっぱいの出を安定させることもできます。

祖父母が近くにいないときは、友達を頼りましょう。ほとんどのママ友は喜んで上の子のお世話をしたり、赤ちゃんを散歩に連れ出したり、あなたが授乳をする間に上の子と遊ぶ役を買って出てくれたりするはずです。赤ちゃんが生まれるまでは、できるだけ友達に手を貸すようにしてください。こうすることで、助けをお願いするのが精神的に楽になる上、子どもも友達に慣れるため預けるのが楽になります。

また、家の近くに子どもと母親のための集まりがあるかどうかを調べて、週に一度は参加しておきましょう。こういった集まりは安価に利用でき、集まっている人も親切な人が多いようです。いくつもグループがあると思いますので、いろいろ試して、あなたに一番合ったところを選んでください。できるだけ午前中は外出して、上の子に腹を立てたりストレスをためることがないようにしましょう。

赤ちゃんに『快眠講座』のジーナ式スケジュールを使用している場合は、午前10時の授乳の後は、1時間ほど公園にお散歩に行く時間があるはずです。赤ちゃんは眠らずにお散歩を楽しみ、上の子は体を動かして運動することができると理想的です。雨やとても寒い日でない限り、子どもが外に出かける時間を作るのが非常に重要です。午前中は新鮮な空気を吸うためにも、必ず外に出かけるようにしてください。子どもは雨も大好きです。濡れても大丈夫な格好をさせて、短時間のお出かけを楽しんでください。ママ仲間や犬のお散歩をするご近所さんと出会う機会にもなりますし、何より子どもがランチのあとのお昼寝でよく眠るように疲れさせることができます（つまり、あなたも休息がとれるわけです）。

Q

週3回、午前中に幼稚園に通っている3歳の息子がいます。幼稚園がある日は、いつものスケジュール通りにはまったく進みません。アドバイス通りに、家を出る8時45分にベビーカーに

赤ちゃんを乗せると、5〜10分もすると眠り始めてしまいます。幼稚園には10分で着いてしまいますので、家には9時15分には戻っています。すると赤ちゃんは目を覚まして、眠りに戻るのを嫌がります。7時の授乳でしっかり飲んでいるのですが、次の授乳時間の11時までもたず、残りのスケジュールが崩れて、なかなかうまくいきません。

A

家に帰らずに、そのままお散歩に行ってはどうでしょうか。お出かけの時間を20分延ばせば、その間赤ちゃんは眠り続けるはずです。9時45分に家に着くように時間を調整しましょう。ベビーカーの揺れがうまく作用するはずです。公園のお散歩の途中でお店に寄って、必要な買い物をすませることもできます。3歳未満の子どもが2人いるママは、自分の時間はほとんどありません。この時間にお散歩に出ることで、赤ちゃんのスケジュールを狂わせることなく、ひとりだけの静かな時間をもつこともできます。

Q

2人目の子はそろそろ7カ月です。1人目のときと同様、ジーナ式スケジュールは非常にうまくいっています。けれども、現在、『快眠講座』に書かれているようにランチを12時に動かすのに苦労しています。こうするには、家を11時30分に出なければいけません。幼稚園のお迎えの時間に合わせて、赤ちゃんのランチを13時に遅らせようとしましたが、その時間には赤ちゃんは疲れていて、ほんの少し食べたら機嫌が悪くなって、食べるのを嫌がり始めます。早めの

ランチを11時にあげようとすると、お腹がすいていないせいで、同様に少ししか食べません。朝、どんどん早く目を覚ますようになり、これは日中の食事の量が減ったせいなのは間違いありません。

A これはよくあるトラブルです。私は通常、赤ちゃんのランチを2回に分けるようにアドバイスしています。11時30分までにお腹がペコペコであれば、幼稚園に行く前の11時15分に食事をさせて、幼稚園から戻ってきたときにデザートをあげるようにしましょう。赤ちゃんが大きくなってくると、どんどん楽になってくるはずです。というのも、2カ月もすると、12時30分まで機嫌よく待てるようになりますので、2人同時に食事をさせることができるようになるからです。

Q 上の子は生後10週目には夜通し眠り始めたのですが、同じスケジュールを使っている2人目の子は、なぜそうならないのでしょうか。

A 子どもはみんなそれぞれ違います。1人目でうまくいっても、2人目では時間がかかって、根気強く続ける必要がある場合もあります。がっかりせず、うまくいっている部分に自信をもって、心配しすぎないようにするのが重要です。ストレスや不安を抱えていると、あなたが疲れてしまいます。赤ちゃんは、いつか夜通し眠るようになります。

Q おっぱいの出が心配です。急に出が悪くなってきました。書かれている通りに搾乳を続けていますが、うまくいきません。ミルクを足すべきでしょうか。1人目のときには、たっぷり母乳が出ていたのですが。

A 一番大きな理由は、疲れだと思います。1人目のときは、赤ちゃんが眠っているときに、一緒に寝ることができました。しかし上の子がいるとそれはできず、なかなか体を休めることができません。22時の授乳でミルクを足すことにすれば別の人に授乳を代わってもらえますので、ママが早くベッドに入ることもできます。もう一つの理由は、食事の量かもしれません。トドラーと赤ちゃんの両方の面倒を見ていると、簡単に食事をすませることが増えてきます。赤ちゃんがランチタイムのお昼寝に入ったら、ママも上の子と一緒に座って、きちんとランチを食べるようにしてください。日中に簡単にエネルギー補給ができるように、バナナなど、すぐにエネルギー源になる食品を用意しておきましょう。

寝かしつけがうまくいかないとき

寝るのを嫌がるのは非常によくあるトラブルで、下に赤ちゃんが生まれたときによく起こるようです。私の経験上、一番の理由は、子どもを2人寝かしつけるには、思った以上に時間がかかることを想定していないせいだと思います。以前は穏やかで幸せだったはずの寝かしつけの時間は、「疲れきった母と泣きじゃくる赤ちゃんと兄・姉」という戦場のような様相を呈するようになります。

もちろん、このような状況になってしまったら、まず赤ちゃんの欲求を満たすことになります。そうなると、上の子は余計にフラストレーションと疲れがたまっていきます。赤ちゃんがやっと寝ついても、今度は疲れきったトドラーがなかなか寝つけず、非常に時間がかかってしまいます。この状況を回避するには、あらかじめ必要なものをすべて用意し、就寝準備を早めに始めてください。

2人の子ども（または、なかなか寝つかないトドラー）の寝かしつけをストレスなく進めるために、次のアドバイスを参考にしてください。

- たんぱく質を摂取する1日のメインの食事をランチタイムに設定しましょう。こうすることで、夕食をパスタや、スープとサンドイッチなど、手軽に早く準備のできるものにすることができます。
- ランチタイムのお昼寝から目を覚まし始める時間に、入浴や就寝に必要なものをすべて用意して並べておきましょう。タオル、コットンウール、ガーゼ製のハンドタオル、パジャマ、おむつ、スタイ、モスリン（訳注：イギリスで使われている育児用の布。タオルやおくるみなどさまざまな用途がある）はすべて使う場所にセットしておきます。
●午後は使い終わったおもちゃを片付けさせてから、別のおもちゃで遊ばせるようにしてください。片付けはすべて、または部分的でも、子どもにさせるようにしましょう。
●子どもが食べている間に、赤ちゃんに授乳ができるように、17時ちょうどに夕食の準備を終わらせて子どもを着席させてください。
●余裕をもって入浴の準備ができるように、17時45分までには2人とも寝室に連れて行きましょう。
●赤ちゃんに残り半分の授乳をする時間を十分もてるように、18時15分までに2人の入浴と着替えをすませるようにしましょう。ビデオや読み聞かせの準備が整ったら牛乳を渡し、同時に赤ちゃんに授乳を始めてください。上の子が牛乳を飲みながらビデオを見たり、本を読んだりする間に、授乳を終わらせることができるでしょう。
●赤ちゃんが眠くなさそうに見えても、ベビーベッドに寝かせてください。電気を暗くし、ベッド脇に、小さな本や鏡を取り付けます。早い時期からこの習慣を続けていると、ひとりですぐに寝つく方法を身に付けます。
●ほとんどの赤ちゃんは、新生児期は18時30分～45分には寝るはずですので、上の子が疲れすぎる前に、おやすみ前の読み聞かせをする時間がもてるはずです。

きょうだい間の嫉妬

きょうだい間の嫉妬心は、どの時代でも常に存在してきた感情です。新たに生まれた赤ちゃんは、上の子にとっては脅威であり、一身に親の注目と愛情を注がれてきた最初の子どもはとくにそう感じるはずです。パパやママとの時間が減ったことを受け入れなければならず、多くの場合、不安な気持ちから、親からすると理不尽な行動をとるようになります。

たくさんの育児本や雑誌には、赤ちゃんが生まれたときのために、どう心の準備をさせればいいかが書かれています。赤ちゃんの誕生について書かれた絵本を読んだり、お腹の中の赤ちゃんに一緒に話しかけたり、赤ちゃんのための部屋の準備を手伝わせたりするようにすすめています。すべていいアドバイスではありますが、個人的には、赤ちゃんが生まれるずっと前に、約束事やルールを前もって決めて守らせることで、多くの残念な状況を回避できると考えています。

次のお話を読めば、わかりやすくしっかりした境界線を引くことで、赤ちゃんが生まれたときに非常に起こりやすい面倒な状況をどう回避できるのかがわかると思います。

15カ月のトーマスは、パパとママの寝室で遊んでいました。毎週日曜日の朝はこれがいつもの恒例行事でした。ハイハイはできましたが、まだ歩くことができなかったトーマスは、大きなアームチェアの後ろに片付けられたパパのテニスボールが大好きでした。パパやママ（妊娠3カ月でした）にボールを何度も転がして、20分ほど楽しく遊んでいました。パパとママはベッドで横になりながら、日曜版の新聞を読んでリラックスしていました。まれにトーマスが投げたボールがベッドまで飛んできましたので、そっと投げ返して、優しく投げることが大事であることを教えました。この時間はトーマスにも両親にも、とても楽しい一時でした。

しかし、6カ月後、赤ちゃんが加わったときの状況を想像してみてください。トーマスは21カ月になりました。歩くこともでき、力も強くなっています。ボールを転がしているだけでは飽き足らず、空中に投げようとすることが増えてきます。何カ月もやってきたことをパパとママに突然やめるように言われれば、トーマスが腹を立てるのも当然です。気を付けるように何度注意をしても効果はなく、予期していたことが起こります。赤ちゃんにボールが当たり、大声で泣き始めたのです。驚いて心配した両親は、泣きじゃくる赤ちゃんをなだめながら、同時に叫び始めたトーマスに激怒し、「悪い子」「気を付けなさい」と叱り始めました。

わざと赤ちゃんにボールをぶつけたかどうかは知る由もありませんが、それが問題ではありません。問題は、最初から寝室ではボールで遊ばせるべきではなかったという点です。私は、これが子どもに課す境界線が曖昧になっている、一番よくある例だと思います。子どもが優しくボールを投げていれば満足すると思っていたことがまず間違いです。もともとボールは、静かに遊ぶためのものではありません。ですから、寝室でボールで静かに遊ぶだろうと親が考えること自体が現実的ではありません。外遊びと家遊びではやっていいこと、悪いことが違うのに、きちんと決められていなかったことが問題なのです。

トドラーに対するルールやリミットを決めるときは、赤ちゃんが生まれたときのことを想定して、現在のルールや制限がそのときに現実的なものかどうかを考慮したほうがいいでしょう。

母乳育児を続けながらトドラーのお世話をするには

「母乳をあげながらどうやってトドラーのお世話をするか」。ストレスがマックスになった母親からよくこの質問を受けます。これは、間違いなく母親にとって一番大変な時期の一つであり、初めが非常に肝心です。次のようなシナリオは、母親と赤ちゃんとトドラーの平和な午後が、全員が叫び合う戦いの場へと一瞬で崩れていく様を示しています。そもそもこのような状況にならないようにするにはどうすればいいのかを特定するのに役立つはずです。

母親のレイチェルと23カ月のアレキサンダー、生後４週の赤ちゃんのウィリアムは、みんなで居間にいました。ウィリアムがそろそろ母乳を飲み終える頃です。その間35分、アレキサンダーは非常にお行儀よく、おもちゃで遊んだり、機嫌よくママと話をしたりしていました。ママはアレキサンダーがどんなにいい子か、弟がどれほどお兄ちゃんのことが大好きかを何度も伝えています。アレキサンダーに赤ちゃんの頭をなでるように促し、赤ちゃんに優しく、思いやりをもつことの大切さを理解させようとしました。

レイチェル：アレキサンダー、ママがウィリアムのおむつを替える間に、おもちゃのお片付けをしたら？

ウィリアムをおむつ替えマットに寝かせて、着替えを取りに行きました。

アレキサンダー：いやだ。

レイチェル：早くお片付けができたら、おいしいビスケットをあげるわよ。

するとアレキサンダーは駄々をこねて、地団駄を踏み、おもちゃを箱に投げ入れようとしました。その音で赤ちゃんが泣き始めたために、レイチェルがイライラし始めました。

レイチェル：アレキサンダー、おもちゃを片付けるときは気を付けなさい。どれかが弟に偶然当たって、けがをするかもしれないよ。

アレキサンダーはすぐに小さなボールを赤ちゃんに投げて、頭に命中させました。赤ちゃんが怖がってますます泣いてしまったため、母親はアレキサンダーに向かって叫び始めました。

レイチェル：なんて悪い子なの！　かわいそうに、赤ちゃんが泣いてしまったじゃない。もう

一度したらおもちゃは全部取り上げて、ビスケットもあげません。

アレキサンダーは叫んで、おもちゃを部屋中に投げ始めました。

アレキサンダー：おもちゃもビスケットもいらない。赤ちゃんもママもいらない！

レイチエルは状況を落ち着かせようとして、泣きじゃくるアレキサンダーを抱きしめて、おもちゃをきちんと片付けたらもらえるはずだったビスケットをあげました。どんなにアレキサンダーのことが大好きか、本当はどんなにいい子か、そしていい子はおもちゃを投げたり、他の人に意地悪をしたりはしないのだと説明しました。

ほんの数分で、幸せな家族のワンシーンが、怒りと嫉妬であふれ、駄々をこねる子どもに脅しとご褒美をあげるという、手に負えない状況へと発展してしまいました。この状況では、いい子か悪い子かはアレキサンダーにとってはどうでもよくなってしまいます。ママから注目を浴びて抱きしめられ、愛情を注がれることで、欲しかったものを手に入れているからです。

もう一度この状況を段階を追って確認することで、何がアレキサンダーの行いを引き起こしたか、そして、このような状況で起こりうる問題を回避、もしくは最小限に抑えるにはどうすればいいかを見ていきましょう。

レイチエルは赤ちゃんの授乳に30〜40分かかることはわかっていました。その間、ずっとアレキサンダーがいい子にしていられるかを心配していました。おもちゃを渡して、最初からアレキサンダーをたくさん褒めていました。昨今の心理学では、いい行いを褒めて、悪い行いは見ないこと、そして生後すぐの時期から赤ちゃんとの交流をもたせることを重要視しています。

理論上、正しい助言のように思えますが、残念ながらアレキサンダーの場合のように、裏目に出ることが多いのです。ママが赤ちゃんに授乳している間、おもちゃで満足して楽しく遊んでいるように見えても、15〜20分もすると退屈し始めます。母親がいつも言うように「いい子」でいるのが嫌になり、赤ちゃんのことを常に可愛がらなければいけないことにうんざりし始めます。

授乳が終わる頃には、退屈でフラストレーションがたまり、母親を独占したくなってきます。抱っことビスケットのために、赤ちゃんがおむつを替える間におもちゃを片付けてずっと待ち続けるのが、嫌になってきます。

必要なときにママはいつも自分のそばにいてほしい、もうひとりの手のかかる人間とママを半分こする必要がなかった、赤ちゃんが生まれる前の状況を取り戻したくなります。彼の目には、「赤ちゃんが泣くとすぐにママがやってくるなら、自分も同じ方法でやればいい」と映っています。生後23カ月で、今まで経験したことのない入り組んだ感情を抱くことになります。このような感情が一気に表面化する状況に追いやられると、自分が唯一知っている方法で発散しようとします。新生児の授乳には、1時間近くかかることもあります。アレキサンダーの年齢の子どもにとっては、非常に長い時間です。

次に、癇癪を回避しながら、赤ちゃんの授乳と上の子どもの世話を同時に行うためのアドバイスが書かれていますので参考にしてください。

●授乳を始めたときは、アレキサンダーの機嫌がよかったため、この時間に彼に構うよりも、授乳に集中したほうが賢明です。

●赤ちゃんと話をするかどうかは、アレキサンダー本人に決めさせてください。

●赤ちゃんのおむつ交換は、授乳のちょうど真ん中あたりで行ってください。「ウィリアムのおむつ替えに必要なお水を取りに行くね。あなたにはビスケットとジュースを持って来るね」と伝えます。授乳が終わる時間まで退屈することなく、アレキサンダーの気をそらすことができるはずです。

●授乳とおむつ替えがすんだら、赤ちゃんをすぐにベビーチェアに座らせてください（抱っこ、授乳、おむつ替えのすべてがすんでいなければいけません）。この時点でアレキサンダーが必要としている2人だけの時間を過ごすようにしましょう。おもちゃの片付けを2人でする「ゲーム」にしてしまいましょう。

●感情的になっているトドラーに、どうして弟を可愛がらなければいけないかを理解させようとしても、意味がありません。唯一絶対に守らなければいけない約束事は、弟に対してどんな感情を抱いていても、決して手を出さないということです。

●おもちゃを入れる箱やバスケットは、常にけがの原因になりえます。おもちゃは種類ごとに分けて片付けます。できればふた付きの収納ケースを使用し、扉の付いた棚にしまってください。こうすることで、ママが選んだ安全なおもちゃだけを取り出すことができます。

●家の中では決してボール遊びはさせないでください。小さな頃から、特定のおもちゃやゲームは、外でしかしてはいけない遊びだということを学ばせてください。2人目が生まれたときに、さきほど話したような事態を避けることができます。

●小さな子どもには、「もしも」という言葉は使わないのがベストです。ほとんどの場合、いい子にさせるために、親が子どもに「賄賂」を渡すことになるからです。子どもはすぐに、いいことをするのは、あとでご褒美がもらえるからだと考え始めます。

第6章　良い習慣と悪い習慣

　この本は、おもに健康的な授乳と睡眠の習慣を、赤ちゃんとトドラーが身に付けることを焦点としていますが、他にも小さな頃から学べる習慣として、歯磨きと手洗いなどが挙げられます。小さな頃から正しい方法で楽しく取り組めば、その後子どもと押し問答になることもありません。

　小さな頃はよしとされていた習慣でも、大きくなるとおかしいと思われるものもあります。たとえば、赤ちゃんが自分の親指の存在に気付くと、ママは喜んで、親指を赤ちゃんの口に入れようとすることが多いと思います。指しゃぶりは赤ちゃんにとって最高の癒やしで、夜中や早朝に目を覚ましたときに、再び寝つくのを助けてくれます。しかし、3歳になってもまだ指しゃぶりをしていると、話は別です。親は悩んで、とくに公共の場で親指を常にしゃぶっていると、バツが悪く恥ずかしいと感じることも多いようです。

　指しゃぶりや、ブランケット、モスリン、ぬいぐるみなどがなくてはならなくなる子どももいます。赤ちゃんや子どもがひとりで寝つこうとしているときや、感情が高ぶっているときに、気持ちを落ち着かせるためによく使われます。しかし、子どもの依存度が増し、それを持っていなければ出かけないようになると問題です。

鼻をほじるのは、多くの親が非常に嫌がるもう一つの習慣です。ほじったものをどこに「捨てて」いるかを目撃すると、どんなに心の広い親でもゾッとするはずです。大きくなるにつれてこれらの習慣は減っていきますが、悪い癖になる前にやめさせる方法と、すでに癖になってしまっている場合は正しい習慣に改善する方法を次に示しましたので、参考にしてください。

18カ月以上の子どもの場合は、ご褒美シール用の表を使うのがとても有効です。良い習慣を身に付けるための素晴らしいインセンティブになります。効果的に使うには、毎日一定数のシールがもらえるように、十分な量のタスクを与えるのが重要です。

コンフォーター

生後6〜9カ月の間は、ほとんどすべての赤ちゃんがなんらかのものに愛着を形成し始めます（訳注：それらのものは「コンフォーター」と呼ばれます）。何をコンフォーターとして選ぶかは赤ちゃんにより違い、ブランケットやモスリンがなくてはならないものになる子どももいれば、ぬいぐるみや自分の親指、もしくはおしゃぶりがよりどころになる子どももいます。心理学者は、コンフォーターへの依存は、赤ちゃんが自分の存在を母親から独立した一人格と認識する時期に起きると主張しています。

自分はひとりなのだと感じて心細くなっている成長の過渡期に、コンフォーターが安心感を与えてくれるのです。育児の専門家であるペネロペ・リーチは、抱きかかえることのできるおもちゃは、母親から得られる安心感が手に入らないときの代役になると話しています。

コンフォーターの使用は、赤ちゃんの成長過程で極めて普通ではあるものの、依存が強くなりすぎないよう注意するのが重要であると多くの専門家が強調しています。これは、コンフォーターの使用をリラックスする時間と睡眠前の時間に制限することで簡単に回避できます。モスリン、ブランケット、おもちゃ、おしゃぶりをどこに行くにも持たせていると、それを失くしてしまったときに大騒ぎすることになります。

3歳になる頃には、ほとんどの子どもがコンフォーターをあまり必要としなくなり、5歳になる頃には、大多数の子どもが卒業します。のちのち問題に発展しうる過度な依存を回避するために、次のガイドラインを参考にしてください。

- 特定のものに愛着を形成し始めているようであれば、使用を、就寝時間やリフレッシュタイムに制限してください。寝室以外の場所に持ち出したり、外に持って行かせたりするのはやめましょう。旅行や一晩家を離れるときはもちろん持って行く必要がありますが、それ以外のときは必ずベッドに置いておかせるようにします。
- 可能であれば、同じものを二つ買っておきましょう。定期的に洗うことができますし、壊れたり、失くなったときの予備になります。

●コンフォーターへの依存度が強く、内向的になって、以前のように意思疎通ができなくなっていると感じたら、心理的な問題が潜んでいる可能性があります。保健師に相談してみましょう。

指しゃぶり

すべての赤ちゃんは本能的に吸う能力をもって生まれてきます。そしてほとんどすべての赤ちゃんが、ある時期に指しゃぶりをするようになります。ママのお腹にいる間に始める赤ちゃんも多くいますが、指の動きをコントロールして口の中にキープしておけるようになるには、生後3カ月ごろまで待たなければいけません。指しゃぶりの動きをコントロールできるようになったら、どの頻度で、どれくらいの期間続くかは、赤ちゃんによってかなり差があります。ほとんどの赤ちゃんは、疲れているときや、寝つくとき、そしてお腹がすいているときにすることが多いようです。指や手をしゃぶるのは、6〜9カ月にピークを迎え、1歳になる頃までには次第に減っていきます。就寝時に指しゃぶりを続ける子もいますが、四六時中しゃぶっている子は、なかなか直すことのできない長期的な問題に発展します。

1歳近くなっても一日中指しゃぶりをしている子どもの場合、理由はおそらく退屈しているせいです。一番の対処法は、水泳や体操などの体を動かすアクティビティをさせることです。家にいるときは、ハイハイやベビーウォーカーで体を動かし、退屈しないようにおもちゃを定期的に入れ替えてください。1歳になると、ひとり遊びもできるようになります。形合わせのようなおもちゃは、指を使わせるのに効果的です。指しゃぶりを叱るよりも、しないように気をそらすほうが賢明です。ガミガミ言ったり、常に指を口から出そうとしたりしても効果はなく、さらに不安にさせるため、かえってもっとしゃぶりたくなってしまいます。

年齢が上がってくると、過剰な指しゃぶりは深刻な問題になります。歯並びや顎《あご》の形に影響が出ることもあり、矯正の必要が出てきてしまいます。同様に、注意をしても効果はありませんので、原因を突き止めるほうが良策です。通常よくある理由は、退屈、疲れ、そして不安の表れです。「疲れちゃったかな。誰もいないところで指しゃぶりができるように自分の部屋に行って休んだら?」とすすめると、すぐに何か別のことをし始めることが多いようです。

おしゃぶり

1歳になってもおしゃぶりが手放せず、とくに寝つくのに必要とする場合は、2歳までには直すようにしましょう。大きくなればなるほど、やめるのが大変になります。おしゃぶりをずっと使っていると、歯並びに影響が出る可能性があるほか、周囲からの反応も気にしなければいけません。いまだにおしゃぶりを使っているのが知られてしまうと、幼児より上の子どもは、往々にして、周りの友達から冷やかしの標的になります。

おしゃぶりをやめさせようとしている場合は、次のポイントを考慮してください。

●いまだにおしゃぶりを使っていることを、親族や友人がからかうことのないように気を付けてください。私の経験上、「おしゃぶりを使うのは赤ちゃんだけだよ」「口におかしなものを入れて、変に見えるよ」といったコメントは、傷付きやすい子どもにコンプレックスを抱かせることになるため、ストレスを感じて、かえってもっとおしゃぶりが必要になってしまいます。
●弟や妹が生まれてすぐの時期におしゃぶりをやめさせようとしてはいけません。
●おしゃぶりをやめさせるときは、すべての病気が完治した健康な状態で始めてください。
●引っ越しや保育園への入園、母親の職場復帰など、生活に大きな変化がある時期は避けてください。
●おしゃぶりをやめるのをどうしても嫌がる年齢が上の子どもには、「取り上げることはないけれど、使うのは寝室だけにしようね」と言いましょう。病院にいる弟、妹やいとこの赤ちゃんに譲ることができたらどんなに偉いかを話し合って、その気にさせましょう。

どうやっておしゃぶりをやめさせるかは、子どもの年齢と使用頻度によります。2歳未満の場合は、理由を説明しても理解ができない年齢ですので、きっぱりやめさせたほうがいいでしょう。いつまでも駄々をこねて何時間も泣き続けるせいで、だいたい親がギブアップしてしまうため、少しずつやめさせる方法はうまくいかない場合がほとんどです。夜に加えて、日中もおしゃぶりの使用が習慣になっているときは、パパが家にいる週末にやめさせるのをおすすめしています。たくさんの予定を組んで忙しくし、おしゃぶりのことを考える時間がない状態にしましょう。

おしゃぶりを使わせてもらえない最初の日はご機嫌が悪いことが多いと思いますが、外で体を動かす遊びをたくさんさせると、ぐずるのを最低限に抑えることができます。プールに行ったり、公園でブランコやボール遊びをしたりしてはどうでしょう。家にいるときは、絵の具を使って指でお絵かきをしたり、庭で植物の世話をしたり、お水を使って遊ぶことができます。また、おしゃぶりなしで寝つくのは難しいため、腹を立てて興奮しすぎることがないように、午後のお昼寝はベビーベッド以外の場所で寝かせるほうがうまくいきます。お出かけしていれば、ベビーカーや車の座席で短い時間、お昼寝してくれるはずです。

その日の夜は、おしゃぶりの代わりに使えるような大好きなおもちゃを買って準備しておきます。寝かしつけるのはおそらく難しく、「ねんねトレーニング」をする必要があるかもしれません。寝つくまで、5～10分おきに子どもの様子を見に行ってください。おしゃぶりを欲しがって夜中に目を覚ましたときも、同じ方法を使ってください。この年齢の子どもをもつ親の話を聞いていると、最悪の状況は2～3晩程度で終わるようです。

子どもをチェックする時間の間隔を少しずつ延ばしていくのを忘れないようにしてください。そうしないと、寝つくまで10分おきにママが見に来てくれると期待するようになります。私は通常、最初の夜は5～10分間隔でチェックし、2日目の夜は間隔を10～20分に広げます。その後は、夜通し眠るようになるまで、さらに10分ずつ間隔を広げていきます。夜、おしゃぶりなしですぐに寝つくようになったら、夜中に目を覚ましても20分ほど様子を見るようにしましょう（とくに泣き方が断続的なとき）。ママが来なくても、自分で再び寝つく可能性が非常に高いからです。

2歳以上の場合は、どうやってやめさせるかは注意が必要です。この年齢の子どもの心や想像力は驚くほどのスピードで成長しています。突然おしゃぶりがなくなると、小さなときよりも精神的ダメージが大きくなる可能性があります。

おしゃぶりをまだ日中も使っている場合は、使用を子ども部屋に制限してください。依存している状態を少しずつ軽くしていくと、やめるように説得するのが楽になります。私のいとこは、3歳の娘を説得して、「おしゃぶりが一つもない病院」にいる小さな赤ちゃんに、自分のおしゃぶりを全部あげさせるのに成功していました。小さな赤ちゃんにとても優しくできたご褒美に、新しいおもちゃを一つ選ばせました。そのライオンのぬいぐるみを大変気に入り、おしゃぶりなしでもご機嫌で寝つくようになるのに非常に役に立ちました。

もう一つのいい方法は、友人に家に来てもらい、「どのお店でもおしゃぶりが売り切れなの。私の赤ちゃんにどうしても必要なのに……」と話をしてもらいます。プレゼントとして渡すために、おしゃぶりをかわいくラッピングすると、子どもは自分のしている親切な行動がとても重要なことだと感じることができます。

旅行に行くときに、おしゃぶりを置いていくのもうまくいきます。子どもは旅行に行くのを楽しみにしていますし、親も仕事のプレッシャーがなく、寝る時間もいつもより遅いため、最初の数日間をおしゃぶりなしで乗りきることもできるでしょう。ビーチに行ったり、おしゃぶりを欲しがらないご褒美にアイスクリームをあげたりするのも、最初の数日を順調に進めるのに効果的です。

爪を噛む

爪を噛むのも、指しゃぶりと同じ方法で対処しなければいけません。子どもを叱るよりも、その行為から気をそらすようにしましょう。不安を感じているせいで爪を噛んでいる場合は、その癖についてうるさく言うことで余計に不安定になり、もっと噛むようになってしまいがちです。心配の原因を突き止めて対処すると癖が直ることも多く、ほとんどの子どもは、自然に卒業していきます。何か苦いものを子どもの爪に塗ろうとする親もいますが、うまくいった話を聞いたことがありません。

ご褒美シールの表を使って成功したこともありました。噛むのをやめさせるのは一度に1本にしてください。その爪を噛まなかった日は、シールをあげましょう。他の指の爪を噛んでいても、それには触れないようにしてください。

1週間の終わりに、シールの数に合わせて、小さなプレゼントをあげましょう。噛まずに1

週間過ごせたら、次の指に移ります。段階を踏んで行うため、大変時間はかかりますが、子どもにとってはプレッシャーが少なくすみます。噛まれていない爪が数本あるのを見るだけで、噛むのを完全にやめる子どもも多いのです。ささくれだっている爪は定期的に爪やすりで整え、噛まれていない爪がどれほどきれいかを強調してください。

自分の手を定期的にクリームでマッサージさせると、手を大事にするきっかけになることがあります。

行動が遅い

グズグズするのは、2〜3歳の子どもには極めて普通のことです。また、多くの子どもが保育園に行き始める時期とも重なっています。子どもにごはんを食べさせ、保育園に行く時間に合わせて着替えと洗顔をさせるのに苦労して、切迫した状況の親を何人も見てきました。おだてて子どもを急がせようとすればするほど、もっとグズグズし始めます。このせいで、毎日戦場のような状態になるのを防ぐには、朝のルーティンに厳しいルールを設ける必要があります。理想としては、入園日よりずっと前に始めて、習慣になっていなければいけません。

朝、目を覚ましたら最初にするのは、顔を洗って着替えることです。そしてすぐに朝食をとらせます。朝食が終わったら、保育園に持って行く必要のあるものをすべて準備するように言います。これらのことがすべて終わったら、ご褒美として、遊んだり本を読んだり動画を見たりする時間を15分与えます。朝、何をすればいいかがわかるように、ルーティン化し、必ず取り組ませることが不可欠です。これはすべて子どもの責任感を育むために有効で、ご褒美シールの表もそのような行いを身に付けるための素晴らしい方法です。

片付け

小さな頃から片付ける習慣を身に付けていると、のちのち問題になることがありません。歩けるようになったらすぐに、おもちゃと服を片付けるように教え始めてください。また、新しいおもちゃは、前のおもちゃを片付けてから出すようにするということを学ばせてください。これは、おもちゃがそれぞれ種類ごとに区分されてふた付きの箱に収納されていると簡単にできます。車は長めの赤い箱、パズルは大きな緑の箱、クレヨンは丸くて黄色い箱といったように、この収納方法で、大きさや形、色を区別することができるようになります。大きなチェストは見た目はいいかもしれませんが、片付けには役に立ちません。

ヘッドバンギング

生後6～12カ月に、ハイハイの姿勢になり、頭を前後に振るヘッドバンギングをする子どももいます。仰向けになって、頭を左右に振る子どももいます。通常、疲れているときや寝入る瞬間にすることが多いようです。寝入るまでベビーベッドの柵に頭を何度もぶつけることもあるかもしれません。この周期的な動きを見ていると、何かつらい思いをしているのではと考えて、焦ってしまう親もいると思います。

これが疲れていたり、寝入ったりするときの限定的な行動であれば、あまり心配することはありません。このリズムを刻むような動きで、安らぎを得ているのです。しかし、むずがって機嫌が悪く、目が覚めているときにこのような動きをする場合は、医師や保健師に相談しましょう。

鼻ほじり

多くの育児本に、鼻をほじるのは、退屈しているかストレスを感じているときにすることが多いと書かれています。それが原因の場合もありますが、大半の場合は3～4歳になるまで鼻をかむことができないせいだと思います。鼻づまりを解消するのに唯一できること、つまり「鼻ほじり」をしようとするのは当然のことです。

2～3歳になったら、鼻の穴の一つをふさいで、鼻をかむ方法を教えることができるようになります。ほとんどの悪い癖と同じで、鼻ほじりも時間とともにおさまります。叱ることに意味はありませんが、人前ではしないように注意しましょう。

吃音《きつおん》

吃音は2～3歳の子に非常によく出る症状です。この時期は、ボキャブラリーが二百語かそれ以上に増えるため、使いこなせない単語がある子が多くても不思議はありません。子どもに何度も繰り返し発音させて、それを矯正することに必死にならないようにしてください。私の経験上、緊張して不安になると、吃音はさらにひどくなります。4～5歳になる頃にはほとんどなくなりますが、子どもの言語発達に大きな問題があると感じたら、医師か保健師に必ず相談してください。

ぐずり

どんな子どももぐずる時期があります。赤ちゃんの頃に好き嫌いが激しく、ひとり遊びができなかった子どもは、ぐずりやすくなることが多いようでした。ぐずりがひどく、深刻な問題に発展していると感じたら、先延ばしにせずすぐに対処しましょう。四六時中ぐずって手のかかる子どもは、他の子どもからも人気がなくなってしまいます。

一番効果的な対処法は、子どもを座らせて、真剣な顔で「めそめそしながら話をしていても、何が言いたいかわからない」と説明し、「話を聞いてほしければ、きちんとお話をしなければいけない」と伝えることです。その後またぐずり始めたら、わかりやすく、しかしきっぱりと「聞こえないよ」と言ってその場を去りましょう。きちんと話し始めるまでは、会話に発展させてはいけません。もともとその子がぐずっているのは、親の注意を引きたいからです。ぐずっても無視されるだけだと学べば、すぐにやめるはずです。

性器への興味

赤ちゃんや幼児が自分の大事な部分に関心をもって触り始めると、非常に心配する親が多いようです。小さな赤ちゃんは、自分の口や手足と同じように、性器の存在に気づき、触ることで安らぎを得ることができます。この行動は、うつ伏せに寝ているときによく見受けられます。生後6週の赤ちゃんが、体を揺らして、マットレスに激しく性器をこすりつけているのを見たこともあります。これによって赤ちゃんが得られる喜びは、安心感を得るためのもので、性的なものではありません。この行動は非常に普通のことで、赤ちゃんは無意識に行っていますので、無視するのが一番です。

おむつをはかなくなると、性器への興味はよりわかりやすくなります。触るのが癖になっても、叱ったり、体に対して罪悪感を抱いたりするようなことはしてはいけません。しかし、人前でするのは控えるように教えましょう。

歯磨き

歯が数本生え揃うまでは、歯磨き専用のガーゼのパッドを使うのが簡単です。歯と歯ぐきを優しく磨くことができ、歯垢《しこう》を取り除いて、口の中のバクテリアを除去してくれます。

歯が数本生えてきたら、乳歯用の小さな歯ブラシを使いましょう。毛先が柔らかく、握りやすいように持ち手がしっかりカーブしているものを選んでください。最初のうちは、実際に歯を磨くというよりも、歯ブラシを噛むことに興味のある赤ちゃんや子どもがほとんどです。6

〜7歳になるまでは、自分できちんと歯を磨くことはできませんので、それまではあなたの手伝いが必要です。楽しんで歯磨きができるように工夫しましょう。ママと子どもで交互に歯磨きをするゲームにしてもいいでしょう。

3歳未満の子どもは、お風呂から出る直前に歯を磨かせるのが楽なことが多いようです。歯磨き粉を垂らしてしまうことを心配する必要がありません。入浴のあとにまだ牛乳を飲んでいる場合は、寝る前にもう一度簡単に歯磨きをさせてください。濡れた歯ブラシにごく少量の歯磨き粉をのせて、口からこぼれた分はティッシュで拭き取ってください。

健康的な歯を保つための正しい習慣を身に付けるために、次のアドバイスを参考にしてください。

●乳歯に適した量のフッ素が入ったノンシュガーの歯磨き粉を使ってください。フッ素の量が多すぎると、永久歯に白い小さな斑点が残ることがあります。歯磨き粉の量はグリーンピース大で十分です。
●最低1日に2回は歯磨きをさせるようにしてください。こうすることで、歯磨き後、5時間は口の中に残るフッ素で歯を守ることができます。
●歯ブラシは、使ったら毎回洗い流して、立てて乾かしましょう。2カ月ごとに新しいものに交換してください。
●水で薄めた果汁のジュースは食間ではなく、食事と一緒にあげるようにしてください。酸性のジュースは子どもの歯の表面を傷めますので、非酸性のものを選んでください。1歳になるまでに、すべての飲み物はコップかトレーニングマグで飲ませるようにしましょう。

●就寝時にまだミルクで寝かしつけられている赤ちゃんは、虫歯になりやすく、まだ生えていない永久歯に影響が出ることもあります。

●生後18カ月になる前に、歯医者に通うのに慣れさせておきましょう。通い始めるのが早ければ早いほど、怖がる可能性は低くなります。小児歯科を専門とするところを選んでください。

●イヤイヤ期が始まったら、子ども用の歯ブラシとスタンド、タイマーがセットになったものを用意しましょう。決められた時間内に歯磨きを終わらせられたら、ご褒美のシールをあげるとやる気が出るでしょう。

手洗いと爪の手入れ

離乳食が始まったら、食前・食後の手洗いを習慣付けてください。歩けるようになったら、洗面台で手を洗う方法を教えましょう。2歳半になる頃には、ほとんどの子どもは自分で手が洗えるはずです。洗面台に水をためたり、手をきちんと拭いたりするときは助けが必要かもしれません。お湯の蛇口をひねれるようになったら、決して目を離さないようにしてください。

手洗いを習慣にできるように、珍しい石けんや、爪用のブラシ、動物の形のスポンジなどを小さなバケツに準備します。ほとんどの子どもは、珍しいスポンジや爪用のブラシに石けんを付けるのが楽しくて、それで手を洗うようになります。

手を拭くには、タオルよりもミニタオルのほうが子どもにとっては簡単です。子どもが好きなアニメのキャラクターを選んで、手の届く高さにフックを付けて、そこにかけるようにしてください。食前、食後、トイレの後は、手洗いをさせましょう。お出かけや外遊びのあと、ペットと遊んだあとも、洗わせるようにしてください。

爪は短くきれいに切っておくのが重要です。赤ちゃんのうちは、寝ている間に切ることができますので簡単ですが、トドラーは爪を切られるのが嫌いな子が多いため、苦労するかもしれません。爪を切っている間はビデオを見てもいいことにすると、嫌がらなくなることが多い気がします。残念ながら、このときばかりは私も「賄賂」を使うことが多くなります。

髪を洗う

髪を洗うのが大嫌いで、洗髪中ずっと大声でわめき続ける子どもは多いものです。目に水が入らないようにシャンプーハットを使っても、子どもの叫び方に、ほとんど、もしくはまったく違いはなかったと多くの親が言っています。叫び声は無視して、できるだけ早くすませるのが一番だと思います。髪を洗い終えるのが早ければ早いほど、叫び声も早くストップします。

Q **3歳になる娘は、美容室で髪を切ってもらうのが大好きでしたが、現在は、いすに座ったとたんに大騒ぎし始めます。担当の人は辛抱強く対応してくれますが、以前は15分で終わっていたのに、現在は30〜40分かかってしまいます。行くたびに恥ずかしくて非常にストレスです。**

A 美容院が苦手な子どもはたくさんいます。非常に嫌がっている場合は、無理して連れて行く必要はありません。自分で髪を切る自信がなければ、家まで髪を切りに来てくれる美容師がたくさんいます。最先端の髪形が必要な年齢ではありませんので、家まで来てくれる美容師を探しましょう。そうすれば、あなたのひざに乗せたり、切っている間にお気に入りのビデオを見せておいたりすることもできます。

友達の子ども数人を呼んで、みんなで髪を切るパーティーにしてみてはどうでしょう。ヘアメイクができるお人形を買って、美容師ごっこをするのも効果があります。私が子どもの頃、母の髪をとかしていると、母はいつも私のスタイリングを褒めてくれました。また、髪を洗って乾かしているときには、きれいになった私の髪を大げさに褒めてくれました。そのおかげで、私は小さな頃から美容院に行くのが大好きでした。

第7章　子どもの安全のために

　ほとんどの赤ちゃんは1歳のお誕生日前後に最初の一歩を踏みだすことが多いようです。この初めの一歩が、トドラー期の始まりを意味します。歩き始めたら、目にする世界は一変します。高い位置から物が見えるようになるため、探究心が旺盛になります。ひとりで移動できるようになるこの時期に、子どもは周りのものに興味をもち、学習能力を高めるための自立心を養います。

　この成長段階において、トドラーが自信をもって新しいことを習得することができるように、安全で安心できる環境を整えることが必須です。「やめなさい」「気を付けて」「触ってはダメよ」と言い続けていると、子どももすぐにストレスがたまってきます。私の経験上、子どもが安全にのびのびと成長のできる家庭環境を作ることで、子どもの反抗心や涙、癇癪《かんしゃく》が起きないようにすることができるのです。

　通常、私は、どの赤ちゃんがトドラーになったときに大変になるかがすぐにわかります。私の予想はほとんどの場合で的中するのですが、これは赤ちゃんの性格を根拠にしているわけではありません。両親の育児法や、彼らが作りあげた育児環境を見ればわかるのです。

家をミニ・ディズニーランドに造り替えろと言っているわけではありません。しかし、トドラーが安全に暮らせる場所であること、そして危険なものは手の届かない場所に置いておくことは必須です。子どもがけがをする危険がなく、自由に遊び、探索できる部屋が一つはなければいけません。ママの大事な陶器の植木鉢を壊したり、真っ白な壁を汚い手で触ったりしてはいけないと常に小言を言って、生まれもつ探究心を損なわないようにしてください。

子どもが安全に暮らせる家に

赤ちゃんがハイハイし始めたときに、ある程度は家の安全対策をしたと思います。しかし幼児期が始まり、ひとりでできることが増えると、探究心も強くなります。子どもは生まれながらに好奇心が旺盛です。探索することで、自分の周りの世界について学び、毎日が新しい挑戦と経験をもたらしてくれます。生後1年はプレイペン（ベビーサークル）やベビーベッドの中で遊ばせたり、ベビーチェアに短時間座らせておいても、安全でとくに問題はありませんが、2年目になると、そうはいきません。いったん動き回れるようになったら、プレイペンやベビーベッドをよじ登ったり、ベビーカーやベビーチェアのベルトを外す方法を学びます。

赤ちゃんにとっては安全な家が、トドラーにとっては一歩間違うと事故が起きる可能性のある家になるのです。自宅が子どもにとって安全な場所かどうか、そして必要な措置がとられているかをしっかり見直してください。1～4歳の子どもの死因の一番が事故だということを忘れないでください。ですので、この時期は常に目を離さないことが極めて重要なのです。

危険度の高い場所

子どもが一番長い時間を過ごす部屋が、事故がもっとも起きやすい場だといっていいでしょう。つまり、キッチンやリビングです。これらの部屋のドアにはすべて、子どもが指を挟まないように、ドアプロテクターを取り付けてください。ガラスのドアには、保護フィルムを貼りましょう。ラジエーターの温度は低めに設定し、触ってもやけどしないようにしてください。窓には転落防止のためにストッパーを取り付けて、大きく開かないようにしておきます。家具の角をチェックして、必要であればコーナークッションを取り付けます。いすは、よじ登って危険なものに触ることができるような場所には置かないようにしてください。

コンセントにはすべてカバーを取り付けます。ケーブルなども触れないようにしておきましょう。テーブルクロスの敷かれたテーブルの上に置かれたテーブルランプはとくに危険です。歩き始めたばかりのトドラーは、バランスを崩したときにテーブルクロスにつかまってしまう可能性があるからです。低めのたんすや引き出し、冷蔵庫や冷凍庫は、すべて開けられないようにストッパーを付けておきましょう。食洗機、洗濯機、乾燥機は、使用していないときは主電源を切って、開閉部の扉は常に閉めておきましょう。

香水、シェービングローション、薬、化学薬品、掃除用洗剤、電池は、常にしまっておくか、手の届かない場所に置いてください。ボタン、ビーズ、ビニール袋、小銭、ペン、鉛筆、画鋲《がびょう》、クリップやその他の小さなものは、飲み込んでしまうと非常に危険ですので、手の届かない場所に必ずしまっておいてください。

子どもの生まれもった好奇心や探究心を損なうことがないように、子どもが自由に開けることのできる引き出しや棚をキッチンや居間に一つ用意しておくといいでしょう。トドラーが遊ぶことのできるものをいくつかしまっておいて、たまに入れ替えてください。

階段や廊下

階段はもう一つの危険な場所で、ほとんどの事故はここで起きています。階段の上と下に、ベビーゲートを設置してください。階段の上り下りをするときは、何も落ちていないことを常に確認してください。決して片方の腕で子どもを抱いて、もう片方の手に何かを持って階段を上ろうとしないでください。子どもはもぞもぞ動く上に、予想もしないようなことをします。ですから、片方の手は常に手すりから離さず、あなたの体を支えるようにしてください。

階段をひとりで上れるようになったら、1段1段お尻をつけて下りるか、後ろ向きになって（手をつき）足から先に下りていくか、どちらかのやり方で安全に下りる方法を教えましょう。

階段の上り下りをするときは決して目を離してはいけません。バランスを崩さないように、階段を上っているときは向きを変えたり後ろを見たりしないように教えてください。ボールやおもちゃや三輪車、スケートボードなどを廊下に置いたままにしてはいけません。傘や杖、ゴルフクラブなどは手の届かない場所にしまっておくのを忘れないでください。

浴室

浴室では、たとえ数秒でも、決してひとりにしないでください。タオルを忘れてしまったときは、嫌がって叫ぶようなことがあっても、いったん湯船から出してください。何か深刻な事故が起きてしまう危険を冒すよりもましなはずです。どんなに浅い水でも、子どもは溺れてしまうことがあり、たとえお風呂用に作られたバスチェアに座らせておいても起こりえます。湯船の底に滑りにくくするマットを敷いて、蛇口は簡単にひねることができないようにカバーをしておきます。それでも湯船の中では立ったり、ジャンプしたりすることがないように気を付けましょう。

トイレは便器のふたで手を挟んだり、万が一便器に落ちたりすることがないように、ストッパーを付けておきます。薬やお風呂掃除用の洗剤はすべて片付けておきます。入浴剤やベビーローション、ベビーパウダーは手の届かないところか、開けられない棚にしまっておきましょう。

子ども部屋

ベビーベッドから子ども用のベッドに移行するときは、子ども部屋を完全に安全な場所にすることが非常に重要です。ほとんどの時間を子どもひとりで過ごすことが多くなるからです。最低3歳になるまでは、ベビーモニターを使い続けるようにしましょう。窓にストッパーが取り付けられていても、ベビーベッドやベッドは窓から十分離れた場所に設置するべきです。暖房器具からも離しておいてください。ベッドから落ちて、暖房器具とベッドの間に挟まって亡くなってしまった子どももいます。

寝室の家具や寝具はすべて耐火性の素材であること、電気コードが床をはっていないことを確認してください。またテーブルランプは置かないようにしましょう。たんすや本棚は、子どもがよじ登ろうとして前に倒れることがあり、非常に危険です。壁に固定して、引き出しや棚にはストッパーをつけて、登れないようにしておきましょう。

ハイチェア

ハイチェアを使うときは、必ずベルトを締めてください。使っていないときは、ベルトがだらりとぶら下がった状態にならないように気を付けてください。めったにないことに思うでしょうが、そのような状況で悲惨な事故が起きたことがあるのです。子どもがハイチェアに座っているとき、とくに食事をしているときは、決して目を離してはいけません。知人の話ですが、母親が2分間部屋から離れて戻ってくると、子どもが苦しそうに食べ物を喉に詰まらせて、ハイチェアにぐったりと寄りかかっていたのです。スプーンを落としてしまったために、口いっぱいに食べ物を入れたまま、いすに寄りかかって取ろうとしたようです。

また、特定の食べ物にはとくに気を付けなければいけません。ブドウ、プチトマト、飴、一口大のドライフルーツなどは、丸ごと食べようとすると危険なことがあります。子どもは口いっぱいに食べ物を頬張ることが多く、噛まずに飲み込もうとします。一度に口に入れるのは少量にして、飲み込む前にきちんと噛むことを教えてください。子どもは大人のまねをしながら学んでいきますので、一緒に食事をするのは非常に重要です。食べ物、飲み物を口にしながら歩いたり、走り回ったりさせてはいけません。飲食をしながらつまずいて転ぶと、深刻な事故につながることもあります。

料理と片付け

料理のときに、手前のコンロを使わなければいけないときは、鍋の持ち手がコンロの奥にいくように置いてください。オーブンが低い位置にあるときは、料理後にきちんと冷めるまでは、決して近寄らせてはいけません。食洗機を使うときは、ナイフや先の尖ったキッチン用品は下向きに入れて、扉は必ずきちんと閉めておいてください。ナイフなどは使用していないとき、常に子どもの手の届かないところにしまっておきましょう。

バケツ、ボウル、収納容器は、使用後はすぐに中身を空にしておきましょう。トドラーは驚くほど少ない水の量でも溺れることがあります。子どもの近くでは、アイロンはかけないようにしてください。アイロンをかけたら、温度が下がるまで子どもの手の届かないところに置いておきましょう。

おもちゃと遊具

子どもが安全に遊び、使用することができるように、子どもの年齢に合ったおもちゃや遊具を選びましょう。国の規格基準に合った信頼のできる良質なものを購入してください。幼児にとって危険な小さな部品が使われているかどうかも確認しましょう。壊れたおもちゃや使い古されたぬいぐるみも事故の原因になります。定期的におもちゃや遊具をチェックし、安全でないものは、修理をしたり廃棄したりしてください。

おもちゃは、簡単に開けられるおもちゃ箱やバスケットではなく、戸棚やふた付きのおもちゃ箱にしまうのがベストです。おもちゃを大量に引っ張り出して、部屋中にまき散らすこともありません。一度に遊ぶのは1~2種類までにして、それ以上出す場合は、前のおもちゃを片付けさせてからにしてください。こうすることで、子どもや他の人がおもちゃにつまずいてけがをすることもなくなります。赤ちゃんが兄や姉と遊んでいるときは、とくに注意して、決して目を離さないようにしましょう。3歳の子どもには適切なおもちゃでも、赤ちゃんにとっては危険なことがあります。
家の中と外では遊び方が違うことを教え、ボールを投げたり、クレヨンや鉛筆、筆などを握りながら走り回ることがないようにさせてください。

防火

火災は、小さな子どもの事故死のもっとも大きな原因の一つです。国の安全基準に基づいた煙探知機を家の各階に設置するのが不可欠です。バッテリーも定期的にチェックしましょう。ファイヤーブランケットや小さな消火器をキッチンに常備しておくのもいいでしょう。照明器具は、適切なワット数の電球を取り付けてください。ランプシェードの付いた照明やランプに、ワット数の大きい電球を取り付けるのは危険です。コンセントをすべてチェックし、寝るときは、階下のドアはすべて閉めてから寝室に行くようにしてください。

コードやケーブル

ケトルやアイロン、電話線は、ひも、リボン、カーテンのコード、モビールと同様に、事故の原因になりかねません。カーテンのタッセルや飾りどめも危険をはらんでいます。本当にあった悲惨な事故の話をするのは控えますが、死亡事故はいつでも起こりうること、そして、子どもにとってけがの原因となりうるものはすべて排除するのがベストであるということを心に留めておいてください。ベビーベッド用のモビールは、赤ちゃんが寝ているときは外して、動き回れるようになったら、使うのはやめてください。

暖房

暖房器具は国の安全基準を満たした自動調温機能付きで、転倒したら自然に停止するものでなければいけません。家具から離して設置し、とくにカーテンやクッションカバーなどからは離してください。決して服を乾かすのに使用しないでください。本来は、トドラーの部屋では使用するべきではありませんが、必要な場合は、子どもが部屋にひとりのときは電源を切ってプラグを抜いておきましょう。プラグを抜いたら、必ずコンセントカバーをし、使用していないときは、カバーは安全な場所にしまってください。

照明器具

床をはうコードが危険なため、トドラーの部屋にはテーブルランプは置かないようにしてください。シーリングライトには調光機能を付けましょう。夜中に明かりが必要であれば、コンセントに挿し込めて、子どもが引き抜くことができない小さなナイトライトを準備しましょう。または、ナイトライトとしても使えるベビーモニターも売っています。モニターは子どもの手の届かないところに置いて、コードはたんすなどの動かすことのできない家具の後ろにはわせます。

庭

庭は子どもが走り回って遊ぶことのできる素晴らしいスペースです。新鮮な空気を吸いながら、有り余った体力を消耗させることができます。どんなに小さな庭でも、子どもにとって、アウトドアや自然について学べる楽しい場です。フェンスやゲートの安全性や、垣根の隙間から外に出て行けないことを必ず確認してください。小さな幼児にとっては、池はもっとも危険な場所の一つです。カバーをかけるか、フェンスで周りを囲ってください。もう少し大きくなるまでは、水を抜いておけばさらに安全です。化学薬品やＤＩＹ（訳注：自分で何かを作ったり、修繕したりすること）の道具が置いてある物置小屋やガレージはしっかりとロックして、鍵は安全な場所にしまっておきましょう。

ペットを飼っている場合は、子どもが遊ぶエリアでふんをさせないようにすることが重要です。また、近所の猫が庭でふんをしないように対策をとりましょう。手の届く範囲に毒のある植物や花がないことを確認してください。

ブランコ、滑り台、ジャングルジムは地面にしっかり固定し、落下したときに大きなけがをしないようにセーフティーマットを敷いておきましょう。砂場は使っていないときは常時カバーをしておかなければいけません。土やゴミクズが入らないように常にチェックしてください。

チャイルドシート

車で移動をするときは、適切に取り付けられたチャイルドシートに座らせ、しっかりベルトを締めましょう。どんなに移動距離が短くても、抱っこでの移動は決して許してはいけません。チャイルドシートを購入するときは、車種に合ったものを選びましょう。チャイルドシートはそれぞれ仕様が異なり、車によって取り付け方が違いますので、どれにするか決まったら、説明書を注意深く読んでください。きちんと取り付けられているか自信がないときは、詳しい店員さんに相談し、取り付け方法を説明してもらいましょう。イギリスの高速道路交通安全協会によると、現在使用されているチャイルドシートの50〜80パーセントは取り付け方が不適切で、毎年運転中に起きる子どもが犠牲となる9千もの事故の原因となっているのは間違いありません。

後ろ向きに取り付けるチャイルドシートには2種類あります。一つは、およそ生後すぐから6〜9カ月で、体重が10キロ未満の赤ちゃんのためのものです。もう一つは、生後すぐから12〜15カ月で、体重が13キロ未満の赤ちゃんのためのものです。後ろ向きのタイプは前向きのものより、赤ちゃんの頭、首、背骨をより保護してくれるため、できるだけ長く後ろ向きのものを使用するのが賢明です。

決められた体重を超えてしまったとき、または頭がカーシートからはみ出してしまうようになったら、前向きのチャイルドシートに移行します。前向きのシートは、通常9～18キロで、だいたい9カ月から4歳の子ども用に作られています。決められた体重を超えてしまったとき、または頭がチャイルドシートからはみ出してしまうようになったら、ジュニアシートに移行します。ジュニアシートは、15～25キロで、4～6歳前後の子どものために作られています。のちのち背もたれを外してブースターシートとして使用できるものもあります。

ブースターは、22～36キロで、およそ6～11歳まで使用できます。ジュニアシートとブースターはベルトが付いていませんので、大人用のシートベルトを使用することになります。ベルトをきちんと調節するのを忘れないでください。ベルトはできるだけきつく締め、腰ベルトはお腹ではなく下腹部で、肩ベルトは首ではなく肩の上にかかるよう対角線に締めます。

どこにカーシートを置くかも非常に重要です。子どもは必ず後部座席に座らせます。後部の真ん中の席が小さな子どもには一番安全な場所です。後ろ向きのチャイルドシートは決してエアバッグの付いている助手席で使用してはいけません。エアバッグは後ろ向きのチャイルドシート用には設計されておらず、事故が起きたときには命に関わります。2シーターでエアバッグが付いている車の場合は、ディーラーに行き、エアバッグのオン・オフの切り替えができるようにしてもらう必要があります。

チャイルドシートのベルトやクッションの状態、取り付け場所が正しいかを定期的に点検してください。きちんとメンテナンスがされて適切に取り付けられたチャイルドシートが、子どもの命を守ってくれます。また、子どもの年齢と体重に関する指示には必ず従うようにしてください（乳幼児は後ろ向きに乗り、前向きは大きくなってから）。

後部座席で大人が隣に座っている場合を除いて、運転中に飲食はさせないようにしてください。食べ物や飲み物が欲しくて泣き叫んだら、数分間車を止めるのが賢明です。とくに急ブレーキを踏まなければいけないときなど、食べ物や飲み物が喉に詰まる危険性があります。また、イギリスの理学療法協会は、子どもをチャイルドシートに長い間座らせておくと、筋肉の発達に影響が出るため、避けるように指導、助言しています。

救急

まだ受けたことがなければ、事故が起きたときに応急処置ができるように、ファーストエイド（救急手当）のコースに参加してください。緊急時の電話番号は、各階の電話の横に常備し、子どもの面倒を見る人に、番号とファーストエイドのキットの場所を必ず知らせておきましょう。救急セットの基本的な使い方を知らない人には子どもを預けてはいけません。

訳者あとがき

２００７年に『赤ちゃんとおかあさんの快眠講座』を訳してから13年になります。当時は赤ちゃんにスケジュールを使うという発想は日本には皆無でした。しかしジーナ式は口コミで徐々に広まり、本を読んでくださった方々から、「1歳以降も困ったときに参考にできるトドラー版をぜひ出版してください」と言っていただけるまでになりました。

0歳児のための『快眠講座』は、授乳と睡眠のリズムを定着させるためのスケジュールが中心です。しかし1歳を過ぎ、魔の2歳児といわれる時期（英語でも"Terrible Two"と言われています）が近づくと、問題は睡眠や食事だけには留まりません。自我の発達や嫉妬心などの複雑な感情が芽生え始めます。お着替えやおもちゃの貸し借りが上手にできず癇癪を起こす子どもを前に、親も毎日が試行錯誤の連続です。どれくらいの年齢になると、いいこととダメなことの区別がつき始めるのか、そして悪い行いにどのように対処するのか。また、時間の概念を理解するのは何歳ごろか、そして待つことが苦手なトドラーにどのように「未来」の時間軸を教えていくかなど、新米ママでは判断の難しい問いに、この本は明快な答えを示してくれていると思います。

もちろんジーナ式のスケジュールも健在で、12〜36カ月のトドラー用のスケジュールが掲載されています。赤ちゃんとトドラーの面倒を同時に見る場合、どのようにスケジュールを微調整すればいいのか、また旅行中はどうすればいいのかといった実践的なアドバイスもたっぷり詰まっています。

ジーナは、「幼児教育」や「幼児心理学」を大学で教える専門家でも、一度にたくさんの子どもを教える保育園や幼稚園の先生でもありません。彼女の仕事は、ナニーとして実際の家庭に住み込み、親に一番近い立場で、昼夜を問わず担当する赤ちゃんや子どものお世話をすることでした。普通の親であれば、育児の機会は、通常1～2人、多くても3～4人です。しかしジーナが見た子どもの数は三百を超え、コンサルタントとして話をした親の数は数千に上ります。これだけの数の子どもの育児に関わることにより得られた、かけがえのない経験に裏打ちされたメソッドがここまで詳細に書かれた本は、他にあまり類を見ないと言っていいでしょう。これがジーナの本が世界中でベストセラーになっている理由だと思います。

『快眠講座』を使い始めたその日から私の生活が一変したと感じられたのは、私が主導権を握り、赤ちゃんの授乳と睡眠を管理する「システム」を作ったことで、日々に秩序が生まれたせいだと思います。そして、たとえ書いてあることがすべてうまくいかなくても、続けていけばいつかうまくいく日が来るという希望を持てるようになったためでしょう。トドラー期は、子どものやんちゃや癇癪に振り回される日が続くこともあります。しかしそんなときは本書を参考に、少しでも秩序と希望が感じられる毎日が送れることを願っています。

最後に、辛抱強くサポートしてくださった編集部の海田文さん、そしてトドラー版を翻訳するべきだと背中を押してくれた友人知人がいなければ、この本はできあがりませんでした。深くお礼を申し上げます。

2019年12月25日
高木千津子

著者／ジーナ・フォード　Gina Ford
1960年、イギリス生まれ。世界各地の三百を超える家庭でカリスマ・ナニー（乳母）として12年間働いたあと、1999年に『赤ちゃんとおかあさんの快眠講座』を出版。その実践に徹したメソッドは口コミで徐々に広がり、新版を含めて100万部のベストセラー育児書となる。夜泣きのひどかった赤ちゃんを、あっという間に夜通し眠る子に変身させる魔法のメソッドとして知られ、多くの悩める母親のバイブルとなっている。著書はアメリカでも出版され、スペイン語、オランダ語、中国語など世界各国で翻訳されている。現在は本の執筆のかたわら育児コンサルタントとして活躍。

訳者／高木千津子　Chizuko Takagi
1972年生まれ。ロンドン大学ゴールドスミスカレッジ修士課程修了。雑誌のイギリス通信員、朝日新聞社ヨーロッパ総局のアシスタント・コレスポンダントを経て、ロンドンで通訳・翻訳業に従事。2児の母親。

ジーナ式《しき》 カリスマ・ナニーが教《おし》える
トドラー期《き》のやる気《き》グングン！ 1・2・3歳《さい》の子育《こそだ》て講座《こうざ》

2020年１月30日　第１刷発行

著　　者　ジーナ・フォード
訳　　者　高木千津子
発 行 者　三宮博信
発 行 所　朝日新聞出版
〒104-8011　東京都中央区築地５－３－２
電話　03-5541-8832（編集）　03-5540-7793（販売）
印刷製本　大日本印刷株式会社

ISBN978-4-02-251634-3
定価はカバーに表示してあります。

落丁・乱丁の場合は弊社業務部（電話03-5540-7800）へご連絡ください。
送料弊社負担にてお取り替えいたします。